宅时代经济

成旺坤 著

一本书教你如何撬动宅时代的
万亿市场规模

中国纺织出版社有限公司

内 容 提 要

本书为人们全面了解宅经济提供了一个很好的观察视角，不仅全面展示了宅经济的趋势及应用场景，更从指导性的角度深入分析了传统企业如何切入宅经济，如何把握宅经济的商业模式，如何闯入宅经济这片“蓝海”市场。只有全面了解宅经济，我们才能在宅时代做到游刃有余，而这些，本书都将为你一一呈现。

图书在版编目（CIP）数据

宅时代经济 / 成旺坤著. --北京：中国纺织出版社有限公司，2021.5

ISBN 978-7-5180-8502-6

Ⅰ. ①宅… Ⅱ. ①成… Ⅲ. ①信息经济—研究 Ⅳ. ①F49

中国版本图书馆CIP数据核字（2021）第077031号

策划编辑：史 岩　　责任编辑：于磊岚

责任校对：王蕙莹　　责任印制：储志伟

中国纺织出版社有限公司出版发行

地址：北京市朝阳区百子湾东里 A407 号楼　邮政编码：100124

销售电话：010—67004422　传真：010—87155801

http：//www.c-textilep.com

中国纺织出版社天猫旗舰店

官方微博 http://weibo.com/2119887771

北京市密东印刷有限公司印刷　各地新华书店经销

2021 年 5 月第 1 版第 1 次印刷

开本：710×1000　1/16　印张：12

字数：146 千字　定价：58.00 元

前言

“宅”自古就有，只不过在这个时代表现得尤为明显。

移动互联网的发展和新型科技的不断涌现，让人们的“宅生活”变得越来越容易。

一部联网的智能手机，就可以成为我们和外界联系的所有聚焦。社交在线上，购物在线上，点餐也在线上……

云计算、大数据、VR 的实现，则让我们可以轻松地在家就能看到原来只能在线下看到的一切，商场超市实景实时三维立体呈现，旅游景点实景实时展现并讲解，医疗手术远程控制……

再加上新型的营销方式，例如直播、短视频的到来，让我们足不出户就可以完全了解商品的特点、功能，还可以要求主播远程展示，这些不仅让我们实现了以往线下消费的所有功能，甚至还获得了比以往线下消费更强大的体验。

特别是新时代全球互联网技术的飞速发展，让“宅人”们像滚雪球一般迅速扩大，“宅生活”逐渐成为消费者日常，随之并行的“宅经济”也迎来了从未有过的高光时刻。

各项数据也显示，进入 2020 年以来，凡与“宅经济”相关的生意，都获得了高速的增长：那些开通外卖的小店中，外卖生意占比从平均49%提高到61%，母婴类产品线上下单额增加164%，生鲜电商线上销售额增长达200%，医药产品线上销售额增长430%，京东到家全平台销售额同比2019年春节增长540%，等等。

事实证明，“宅经济”正在成为这个社会新的风口，那些切入“宅经济”的先行者已经收割到了实实在在的红利。

可以预见的是，习惯了“宅经济”的消费者，“宅需求”还会延续，生鲜配送、线上购物、在线教育、远程办公、在线医疗等“宅经济”也会持续爆发。因为“宅经济”的另一个潜台词是便利，是快捷，是舒适，而这些，正是这个时代消费者的消费主张和消费趋势。“宅经济”成为一股不可逆转的趋势和潮流。

2020年全球经济增长缓慢改变不了商业的本质，但会加速原本已经存在的商业进程。危机，从某种意义上来说也是转机，也是促使一些企业加速升级的契机。

所以，我们所有企业、商家都不可忽视“宅经济”这股洪流，越早切入“宅经济”，才能越早收割“宅经济”红利，越早从现有的困境中走出来。

本书便是这样一本全面介绍“宅经济”的书，从“宅经济”的特点、商业逻辑、收益产业链出发，到如何切入“宅经济”，如何转战“宅经济”，都有着十分详尽的介绍，并列举了众多相关案例供参考。“宅经济”是一套完整的方法论，值得每一家企业、商家，每一个卖货的个人认真学习。这便是笔者写作这本书的初衷，希望它能切实给有需要的人们带来价值。

本书实操性、可读性俱强。我相信，只要你愿意进入“宅经济”，你就能在书中吸收到有益的养分。

我衷心希望透过本书，在这个焦虑的时代，所有的生意人都可以不再焦虑。

成旺坤

2021 年 3 月

目录

第三章

“宅经济”的六大消费特点

第四章

“宅经济”的五大商业特点

第五章

“宅经济”相关受益产业链

第一章
“宅生活”催生“宅经济”

移动互联网的出现，直接提高了人们生活的便利性。在越来越多的线下场景都可以被完整搬到线上的今天，“宅生活”便成了一些人的标配。而随着这部分人群的逐渐壮大，与之相应的“宅经济”也站上风口，空前地火爆起来。

第一节 “宅生活”由来已久

“宅生活”算不上一个新词。中国古人即有“溪柴火软蛮毡暖，我与狸奴不出门”（南宋·陆游《十一月四日风雨大作》）的闲趣，也有“乐琴书雅意，无个事，卧看北窗松竹”（元·刘秉忠《洞仙歌》）的雅意。如果说这在古代还是个例，那自从互联网给人们带来了生活的便利以后，选择在“家里蹲”的人群就已经一天比一天增长，电子商务的升级更使“宅”一族变得群体化了。

早在2008年左右，中国就风靡过一阵“宅男”“宅女”的称呼，专门对应这部分“宅生活”的人群。他们得益于互联网，整天足不出户待在家里，生活所需都从网上想办法解决，如网上购物、网上聊天、网上订餐、网上观影，等等。于是，一种特殊的生活方式“宅生活”脱颖而出。

对于“宅男”“宅女”们而言，自己的房间就是自己几乎所有的“生活圈”，衣食住行几乎都不会逸出这个圈子。和那些不出门就憋得慌的人相比，他们似乎非常享受这样的生活，“能不出门就不出门”也变成了他们在网上呐喊的口号。

不得不说，互联网对人们生活习惯的改变确实彻底。以前人们购物、娱乐、餐饮几乎都非出门不可，但互联网却让人们只需拥有一台电脑或者一部手机，就能把原来必须出门办的事都办了。当生活遇到互联网，就理所应当地变成了“宅生活”。难怪宅人们会理直气壮地讲：“既然在家可以，我又何必要出去呢？”

2008年时，小A大学还没毕业，但她却是老资格的“宅人”族了。“只要有网络，我就会生活得很好，很快乐。”小A说。平常，小小的宿舍就是她生活的全部，她上网“冲浪”，在网上看新闻、猎奇搜趣，利用社交媒体和友人聊天，逛淘宝，借鉴别人的购物经验为己所用，上视频网站看视频……可以做的事情很多，几乎让她乐不思蜀。那时候，还没有外卖业务，但她自有办法，饿了就简单地煮碗面条，无聊了就在网上认领一只“宠物”自己养着。

随着电子商务的发展，外卖平台逐渐深入人心，快递行业渗透进各个角落，网民的生活、工作渐渐地从线下向线上迁移，像小A这样的“宅人”激增。“宅人”群体的扩大开始成为社会一股不可逆的趋势。

还是2008年，百度贴吧曾有人做过一项“大家最长多久没出家门”的调查，有大量“宅人”跟帖回答，其中连续 7 天、连续 10 天未迈出过家门的比比皆是，甚至有人半年也没出过门，还有的网友更是规律地过上了“宅生活”，一个月出门一次。

如果说学生群体是就算宅，也因为有父母的供给不会担心入不敷出选择宅的话，其他“宅人”则要么是只选择工作时间出门，其他时间一律“宅”，要么是干脆就以网络为生，他们或在网上谋求经商机会，或是在家办公，以此获得收入，为自己的“宅生活”做补给。但不管怎样，能宅则宅，已经成了很多人群的普适心理。

有人说“宅人”就是“懒人”，其实不然，“宅人”无非是在充分享受科技时代带来的便利。从另一个角度讲，“宅”也算是忙与闲的统一，在闲的地方忙，平时可以娱乐休闲，遇有事时也可充分寻求网络解决，没有半点耽误。

当然，“宅人”的增长并不单纯地体现在人们的生活方式发生了巨大的改变，其对于经济的改变也是极为巨大的。有统计显示，2019 年中国本地生活服务市场的规模已近 7000 亿元，中国二次元用户（具有强烈理想主义、浪漫主义的人群，和大多数宅人的生活主张相近）规模达到 3.28 亿人。另外，还有统计显示，早在 2012 年，已经有一半的城市消费者认为自己喜欢“宅”。随着互联网进一步深入生活，以及其提供的服务和功能日趋完善，即便不出现特殊情况，中国的“宅人”群体也将继续增长，创造出更大的市场。

第二节 有“宅生活”，就有“宅需求”

无论是谁，无论我们宅与不宅，我们都有消费需求，衣食住行，柴米油盐酱醋茶是任何人都离不开的东西。

只不过，因“宅生活”而来的“宅需求”和我们以前认识的消费需求有了一些差异。毕竟，就算人们足不出户，但日常的消费需求却一点也没有减少，反而有可能随着居家时间的延长，产生新的消费需求和习惯。

有统计显示，2020 年 2 月人们居家办公期间，拼多多平台关于理发器的搜索次数同比增长了 410%，几十款理发器的销量同比上涨了 290%，甚至宠物理发器的销量也有显著的增长。

宅生活，除了带来理发器这种以前鲜有人问津的商品异军突起之外，还有很多让人意想不到的“宅商品”也销量大增。例如，在“食”一项上，2020 年 2 月，速冻水饺、猪牛羊肉、蔬菜水果等食品的网购量都迅速增长。以前人们采买食材要去菜市场，现在则是“爱不释手”地浏览电商的生鲜菜单或者外卖菜单。据京东提供的数据显示，2020 年年初，速食菜肴类的商品销量就比 2019 年增长了 10 倍，其中吴大娘水饺在春节期间的成交额更是超过 2019 年同期的 45 倍。

因为宅，人们在家做饭的次数明显增加，调料类的商品网购需求也显著上升。据美团的统计数据显示，2020 年春节期间，美团平台上葱姜蒜共售出了 393 万份，酱油醋等调料的总体销量也比 2019 年增长了 8 倍多。

人们宅在家里，不再外出运动，在家运动就成了运动爱好者的“刚需”，于是各类跑步机、健身板、瑜伽垫等健身器材的网上销量也直线上升。

因为宅，娱乐方式受限，很多“宅”一族不满足于传统的娱乐方式，开始探索由新技术引领的 VR 游戏模式，人们不断网购 VR 眼镜头盔和游戏手柄，希望在客厅里也能获得更真实的游戏体验，在天猫国际上，2020 年年初体感游戏手柄的销量就比 2019 年增加了 4 倍以上。

……

综合来看，2020 年年初，居民被迫宅在家中，虽然对汽车、家具、建材、家电、住宿、餐饮的需求有所减少，但对网上生鲜、互联网医疗、互联网运动、远程办公的需求却有大幅提升，展现了中国消费市场长期稳定和持续升级的大趋势。

2020 年年初将“宅一族”的需求完全暴露了出来，这对商家而言其实是一次绝好的契机。因为我们可以全面地了解“宅一族”，去为这个越来越庞大的人群提供需求解决方案，在这个体量越来越大的市场中开拓出一片新的天地。

第三节 有“宅需求”，就有“宅经济”

“宅人”们有“宅需求”，自然需要有为这些“宅需求”提供服务的商家，于是“宅经济”顺势而生。所谓“宅经济”，就是人们“宅”在家里的经济，包括居家消费和居家工作。

2020 年年初“全民皆宅”也许是“宅经济”到目前为止最火热的时候。但实际上，“宅经济”并不是特殊时期的产物，它是随着人们因互联网带来的“宅生活”而开启的。

以前，一些商家就抓住“宅人”们渴望在工作之余多享受一下“懒人生活”的心理，推出了各式各样的上门服务。

例如，曾有一款美甲上门服务软件就很受一些既宅又爱美的女性欢迎，这款软件只需“宅女”们在线上挑选好自己想要的颜色、款式，就会有美甲师傅自动上门提供服务。有的女性通常是几人聚在一起，在家边聊天边享受美甲服务，据她们称：“这个软件价格合理，还不用出门，在家就能享受私人订制的感觉，实在是很爽。”

其实，美团、快递等也是变相服务于“宅人”一族的，从这些行业近几年发展壮大的势头，我们就可以一窥“宅经济”的强大。

科技的快速发展与进步，让“宅经济”越发成为人们生活中的重要角色，为我国的经济发展注入了新的活力。

有人说，2020年年初，“在家躺买”成为“宅生活”的新姿势。

例如，美团买菜、盒马鲜生、苏宁小店、永辉买菜、京东到家等多个电商平台，已纷纷推出了网上买菜的APP，为消费者提供产地直供、配送到家的服务，方便消费者采购新鲜蔬菜。仅此举措，就为上述平台的业绩带来了爆发式的增长。

有数据显示，2020年2月，盒马鲜生APP的日均活跃用户同比增长128%，美团在米面粮油、生鲜果蔬等商品上的销售额更是同比增长了400%。

不仅如此，“宅经济”的逆市火爆，还直接带火了无接触招聘、线上教育培训等多个行业，直播带货模式更是一夜之间火得一蹋糊涂。

一方面，“宅经济”是人们“宅生活”重要的后勤保障；另一方面，人们“宅生活”习惯的养成，也会培养一些新型的“宅经济”消费习惯，为“宅经济”注入更多的活力。

其实，“宅经济”本质上还是互联网经济。它是我国在消费升级，消费者个性化需求越来越明显的趋势下，由商家依托互联网、大数据、人工智能等技术，深化供给侧结构性改革，为消费者提供新供给的一种积极探索。

作为新经济模式的一种，“宅经济”已经从各方面影响着人们的生产和生活。“宅经济”很好地适应了越来越壮大的“宅人”一族的消费习惯，反过来又在培养更多的消费者去享受“宅”，接受“宅”，以这种决然的方式颠覆着传统经济的走向和发展。

现在，面临线上消费需求的增多，网络办公、远程会议、远程医疗、线上教育将会成为大众的首选方式，对于各行各业的商家而言，进行数字化转型，将管理、运营、渠道、产品等由传统的线下逐渐转移到线上，也将成为未来很长一段时间的主要发展方向。

第四节　科技商业创新：宅经济的长期催化剂

“宅经济”能快速发展，其背后的驱动引擎正是日新月异的科技创新给人们带来的便利。

2020 年春节期间，有一家名叫“乌龟海岸”的美国公司广受关注，其受青睐程度甚至超过了享誉全球的谷歌、亚马逊、苹果等公司。

“乌龟海岸”公司其实和“乌龟”“海岸”都没有任何关系，他们的产品是一款极具敏感度的游戏耳机。

宅人们戴上这款耳机，在家里打游戏时会觉得非常过瘾，因为它总能让玩家领先一步听到对手的声音，从而将对手击败。

这种“爽感”正是宅人们所需要的，因此这款耳机的市场表现极其火爆。

其实反过来看，“乌龟海岸”耳机的热销，正在于科技的驱动，如果没有先进的技术让它领先其他耳机，如果它不能给宅人们带来非同一般的快感，它也就不会如此受宠。

所以，宅人们越来越多，宅经济越来越受追捧，技术的革新是绝不可忽视的因素。当今世界，互联网、社交媒体、移动应用已经全面取代了以前人们只能在线下完成的事情，让人们可以轻轻松松地在线上解决，再加上 VR、AR 及传感技术的兴起，人们在家里就可以观看美景和运动健身，在家和不在家的生活逐渐趋同。“懒”能解决的问题那又为什么要“辛苦”呢？相信这是大多数人选择“宅”的最大理由。

是的，科技正在改变我们的生活，也在驱动着宅经济的飞速发展。如果这个社会没有 5G、没有云计算、没有 VR 等科技因子，相信宅永远只会存在于一小部分人的生活世界里，而不会走到今天这样的大众领域。

宅时代的消费者，已经习惯了宅在家里，一身轻松地享受着科技带来的便利。

现在，随着宽带基础的日趋完善，5G 已是大势所趋，“宅”生活必定会和现实世界的生活完全接轨，甚至有可能超越现实时期的生活状态。

为了提高学生的时间利用率，减少因学生往返学校而浪费的时间，不少学校采取了上网课的模式。但由于受网速的限制，有时候老师开的直播课会出现卡顿的现象，反而降低了学生学习的效率。

而5G技术将极大地改善在线教育的效率。5G的高速率（可达10G峰值速率）、低延时（1ms）、大容量（相当于目前的1000倍容量）的特点，真正让延时缩短至1ms，并且容纳庞大数据处理的带宽。由此可见，在5G时代绝不会出现任何卡顿现象，人们的在线教育真正实现了和线下教育完全一致的状态。

所以，科技商业创新，正在让人们宅得越来越爽，越来越舒服，这对更注重自身感受的新消费者来说简直堪称是最美好的“刺激”了。

第二章

“宅”出来的生态圈

宅人们的“宅生活”其实并不简单，它和我们的现实生活一样，有着方方面面的需求，饮食、运动、娱乐、办公、医疗、教育等，一个都不能少。而这其中的每一项需求都可以成为相关企业、商家争夺的赛道。

第一节 宅饮食：外卖点餐和自己下厨房

外卖行业全面崛起始于 2013 年。有数据显示，自从 2013 年诞生首款外卖软件以来，外卖平台就如雨后春笋般不断涌现，其发展速度着实惊人。

之所以是在 2013 年，有很大一部分原因是在此之前，外卖行业没有实现标准化和规范化。还有就是，外卖行业的爆发需要由一个消费者群体来引领，而成长起来的“80 后”“90 后”就成为这个引领者，移动互联网的高速发展也反过来推动了“80 后”“90 后”这种消费需求的爆发。

这个群体对新的消费十分敏感，他们喜欢“宅”，也正是这种特性给了外卖市场很大的生存空间，直接催生了外卖行业的崛起。

有数据表明，2020 年，中国外卖快餐的销售额可达到惊人的 7000 亿元。而随着科技带来的便利性使然，越来越多的年轻人不愿意出门就餐，而是依靠外卖平台点餐。

现在市场品牌繁多，越来越多新兴品牌接踵而来，外卖市场品牌连锁加盟模式兴起，品牌多元化让人应接不暇。

与此同时，外卖平台越来越专业化，餐饮外卖也越来越规范。餐饮外卖的标准体系不断完善，国家标准、行业标准、团队标准、地方标准、企业标准的体系持续完善，外卖平台将会越来越专业。

2020年年初时，饿了么CEO张旭豪就曾在年会演讲时透露，如今，饿了么所开展的外卖市场大多为餐饮市场，但其时，外卖不仅在于餐饮，人们的所有日常生活消费品其实都可以通过外卖来购得。在外卖行业的统计大数据也印证了张旭豪的这一判断，早在2016年，外卖平台的商超日用、鲜花蛋糕、饮品小吃等就已成为新的增长点。

外卖行业的大爆发，很大一部分原因是“宅人群”壮大的结果。随着“宅人群”对“宅生活”的需要，在线餐饮外卖平台服务与平台营销匹配度不断优化，有利于激发更多的潜在“宅一族”，未来在线餐饮外卖市场仍有望进一步扩大。

很多人选择外卖是因为生活工作压力巨大。试想，当你拖着一天疲惫的身体下班之后，你选择的并不是直接回家，而是还要拐个弯去趟菜市场，这也要你五六点下班才有这个机会，如果那些七八点下班的人要去菜市场就只剩烂叶子了。去超市也差不多，七八点去超市都是别人挑剩下的菜。

那是不是宅人就只能点外卖，不能自己下厨房呢？当然不是，对于那些喜欢下厨房又喜欢宅的人群来说，生鲜电商的崛起完全可以满足你的需求。生鲜电商对接你下厨房所需的一切原材料，要蔬菜有蔬菜，要肉食有肉食，只要你下单，就会有快递人员将新鲜的蔬菜、肉类交到你手中，供你下厨所用。

以前，生鲜电商一度不被看好，但从2012年开始，越来越多的商家嗅到宅人群需求增长的味道，越来越多的企业开始加入生鲜电商的行列。

2020年，生鲜电商便爆发出来巨大的能量。多个平台的数据显示，生鲜电商的销售额相较2019年同期都增加了一倍以上。

由此可见，对于宅人们的饮食来讲，无论你有什么样的需求，都可以在线上找到解决的方案。宅饮食的完善，也反过来加速了人们宅习惯的养成：既然宅在家中可以这么完美，我又何必出门一趟呢？谁说不是呢。

第二节 宅运动：健身动能在家释放

2019 年，斯坦福大学健康讲师凯利·麦格尼格尔博士出版了一本名为《运动的乐趣》的书，在书中，他讲述了很多运动给人带来的深刻而又不为人知的好处。

麦格尼格尔博士称：“我希望人们以一种不同的方式理解健身锻炼，而不是我们通常谈论的减肥、预防疾病和让我们的身体看起来像明星偶像。”

我们先来谈谈运动到底能给我们带来哪些好处。

1. 运动激活快乐

人们在运动的过程中，大脑会释放神经递质多巴胺，而多巴胺正是影响人们情绪体验，让人产生快乐感觉的主要物质。

此外，运动还会让人产生内源性大麻素，这种化学物质具有让人天然感觉兴奋的作用。这也有助于人们调节情绪，以及从日常活动中获得快乐的程度。

在书中，麦格尼格尔博士说：“大麻的许多作用与对运动性兴奋的描述是一致的，包括焦虑或压力的突然消失、疼痛的减轻、时间的减慢和感官的增强。”

2. 运动让你成为一个“更社会化的自己”

无论是瑜伽、跑步还是舞蹈，只要动起来，我们的身体都会释放内啡肽，这是一种帮助我们与他人建立联系的神经递质。

内啡肽让我们在进行团体运动时有一种“家庭般温暖”的感觉。有研究人员发现，将运动项目和团体模式结合起来，比单独锻炼者更能提高受试者的痛阈（对疼痛的耐受力）。

3. 运动可以激发隐藏的力量

有的人认为，人一旦年龄大了，就只剩下听天由命的分。但健身运动，可以让人产生一种“逆龄”的自信和潜力，激发出身体中隐藏的能量。

4. 运动可以提高免疫力

从免疫的角度来看，那些不运动的人，免疫功能不高不低，而一旦在生活中加入了运动，免疫功能就会只高不低，但运动也须适量，如果过量运动，免疫功能也会有所下降。

因此，运动是把双刃剑，适量运动有益健康，过度运动有损健康。

那么问题来了，究竟是出门去健身房锻炼身体？还是在家就能满足我们日常所需的运动量呢？

从宅人的生活观念出发，那肯定是在家就能满足运动需求的方式是最受欢迎的。毕竟对于宅人们来说，能不出门就完成的事那谁还愿意出门呢。

坦白说，在家的运动项目肯定不如外出健身，但我们的目的并不在于运动项目的丰富，而在于让身体能够健康，让身心能够放松，这样一来，运动项目倒成了其次。

宅运动，如果不依靠外部条件的话，我们可以自己创造出一些项目，比如将客厅打造出一定的空间，将桌子拼装成乒乓球台，那我们在家就可以打打乒乓球了，或是在客厅中设置一个较为空旷的场地，那开展一个客厅马拉松也不是难事。

当然，在网络极为发达的现代社会，宅运动绝不只是自己开发脑洞想出来的事物，很多网络平台已经给我们提供了在家运动的一揽子解决方案。比如你想练瑜伽，那么你可以轻松地在网上发现一个瑜伽教练平台，然后你要做的，就是付费，买来瑜伽垫，跟着网上的老师一板一眼地练习就好了。你要练舞蹈，也是同样的方法。

更有甚者，现在有的健身房也开启了线上直播，如果你家里的器械正好满足，你也完全可以根据教练们的指导在家练习。

虽说去健身房相比在家有更多优势，但众所周知的是，生活方式的改变和人们越来越疲惫的身体，让更多人还是倾向于自己在家买一些健身器械，比如家用型跑步机、动感单车或者瑜伽垫等，然后接受网上老师的指导，进行合理的运动。

第三节　宅娱乐：客厅活动的首选

从古至今，娱乐都是人们日常生活不可或缺的一部分。为人们所熟知的娱乐方式数不胜数，比如看电影、追剧。

本来，很多娱乐活动都属于户外形式。例如，唱歌有专门的KTV，看电影有专门的电影院，看话剧还是得去剧院。

随着互联网的发展，线上娱乐开始兴起，传统的宅男宅女们开始满足于享受在客厅娱乐的时光，尽管比不上户外娱乐热闹，但一个人静静地娱乐打发时光也算是一种较为惬意的方式。

作为客厅娱乐的代表，主机游戏一直热度极高，在全民宅家期间，游戏首当其冲成为网友打发时间的选择，根据数据显示，下载量上升最多的1000个APP中，有超过40%是游戏类应用。

从大数据上来看，全民宅家期间，影视综艺、直播短视频和手机游戏类的使用频率位列前三。如腾讯旗下的几款手游产品就丝毫没有受到宅家的影响，吸金无数。而主机游戏类的代表，如索尼、任天堂，其游戏价格也是水涨船高。

例如，Switch 推出的一款叫《健身环大冒险》的游戏，用健身环的设计来让用户体验对应的游戏内容，非常符合“宅娱乐”的游戏精神，其价格也直接从五六百元涨到了一千五百元。

当然，最明显的改变是很多企业抓住这个契机，通过短视频、直播等方式成功转型，花式百出地丰富人们宅娱乐的内容，让人们越来越依赖于宅在家中享受娱乐的一切。更有甚者，原来的迪厅、KTV、健身房等娱乐场所，也通过云科技手段让人们宅在家中体验了一回户外娱乐的“瘾”。

同时，宅人们自己也在丰富着自己的娱乐方式。微博上有“宅家里宅出的新花样”的热门话题，大部分人在等待复工、开学之时，也开始了在朋友圈点名打卡、熟悉度测试、真心话、晒桌面屏保、两年前照片等复古玩法，还有人在朋友圈晒坦克、火车等表情符号，让人好像重温了一遍学生时代的 QQ 空间。快手、抖音上也有相关的市民宅屋“纪实”，也成了人们在一众严峻新闻之外的稀缺娱乐源泉。

网友奇思妙想，有人在视频里和邻居隔空对吃，有人在微信群里发和亲戚的隔空聚餐对话，“云拜年”“云请客”等新花样也是层出不穷。

可以想见，未来必将有更大一部分用户群体习惯于依赖宅娱乐的便利。“宅”已然成为一种现代人常见的生活方式，人们工作生活压力巨大，宅在家里安静享受属于自己的时间和空间，何尝不是一种很好的解压方式。“成年人的世界里没有容易二字”，一种新形式的产生一定有它的社会原因，宅娱乐的产生与发展也是时代洪流下的必然趋势。

而客厅，也将会成为一个不折不扣的“兵家必争之地”，手机、智能音箱、路由器、互联网娱乐产品，都将助力客厅娱乐的升级，进一步挖掘客厅的娱乐经济。

第四节　云办公：足不出户办公、会议

随着时代的发展，各种新型工种不断涌现，出现了形形色色的工作方式，云办公开始崛起。数据显示，直至 2020 年全球移动办公人数已达 8 亿。

云办公是建立在云计算技术基础之上的互联网办公，从这个意义上来说首先可以降低办公成本，其次能够很大程度上提高办公

效率，最后从环保方面去解读，也可以响应政府的号召——低碳减排。

云办公也是以“办公文档”为中心，为机构提供文档编辑、存储、协作、沟通、移动办公、工作流程等云端服务。

PC时代，微软公司的Office软件垄断了全球的文档办公市场，在各个企业的协同办公需求不断增加的背景下，传统办公软件的缺陷展露无疑。

首先，传统办公软件使用起来更复杂，它对电脑硬件也有一定要求。传统办公软件需要用户去购买及安装复杂又昂贵的客户端软件，而且用户在使用时还需要对每一台电脑都进行烦琐的下载与安装，最后导致的直接结果就是拖慢了用户本地电脑的运行速度。

其次，传统办公软件的跨平台能力弱。传统办公软件对于新型智能操作系统（如iOS、Android等）没有足够的支持。但随着办公轻量化、办公时间碎片化逐渐成为现代商业运作必不可少的元素之一，传统办公软件就显得相对臃肿笨重，不够轻便。

最后，传统办公软件的协同能力弱。团队协作成为现在商业运作的主流方式，传统办公软件的独立生产模式无法使团队中每一位成员的生产力联系在一起。虽然传统办公厂商（如微软）推出了SharePoint等专有文档协同共享方案，但它价格过于昂贵，又加上安装维护十分复杂，导致它不能普及于世。

云办公应用是为解决传统办公软件存在的诸多问题而产生的，所以它和传统办公软件相比有很大的优越性。

首先是运用网络浏览器中的智能客户端，它不但最大程度上实现了办公的轻量化，还为客户提供了更多的创新的付费选择。用户不再需要安装臃肿的客户端软件，只需要打开网络浏览器就可以轻松运行强大的云办公应用。客户可以按需付费，随意使用云办公应用，直接达到了降低办公成本的目的。

因为智能客户端本身的跨平台特性，云办公应用自然也拥有了这种得天独厚的优势。借助智能设备载体，云办公应用可以帮助客户随时随地记录和修改文档内容，并且同步到云存储空间。云办公应用让用户无论使用何种终端设备，都可以使用相同的办公环境，访问相同的数据内容，大大提高了便利性。

同时云办公应用具有强大的协同特性，其强大的云存储能力不但让数据文档无处不在，更结合云通信等新型概念，围绕文档进行直观沟通讨论，或进行多人协同编辑，从而大大提高团队协作项目的效率与质量。

用户对云办公应用的主要疑虑还是在其对传统文档格式的兼容性。其实，就算是 Microsoft 自己推出的 Office365 云办公应用，也无法对其自家的 Office 软件生产的文档格式进行百分百的格式还原兼容。而事实上，这就是云办公与传统办公软件市场最大的不同之处。

经过长期的发展，一些世界尖端的云办公应用已经完全有能力编辑出专业的文档与表格，所以在与传统办公软件格式兼容的问题上，我们完全可以把思维转换过来，如果我们从现在开始使用云办公应用来生产新的文档，而这些文档又可以在大多数平台中得到完全展现的话，与旧文档格式兼容的依赖就可以大大弱化。

有数据显示，2020年春季复工期间，中国有超过4亿用户使用远程办公应用，其中每天的新增用户越来越多，在2月10日当天就突破了400万人，达到每日新增用户的峰值。

在全球范围内，有权威机构数据显示，到2017年为止，美国已有3000万人在家中远程办公，这个人数占据美国工作人口的16%~19%。而全球2017年已有24%的公司尤其是科技公司采用远程办公方式，预测数据显示，到2020年，大约50%的科技公司将会有约29%的员工实现远程办公。

近年来，随着全球移动互联网、云计算、智能AI等新兴技术的不断发展，全球办公的协同趋势越来越明显。工作和生活的协同化需求使得全球云办公规模迅速增长，有预测数据显示，到2025年，全球移动智能办公用户使用人数将突破9亿人，市场规模超550亿元，未来云办公或将成为全球办公的趋势，它的发展前景一片大好。

第五节　云看病：在线问诊，在家把脉

随着中国快速步入老年化社会，以及国民对于个人健康的重视，人们对于个人身体指标的日常监测越来越重视。伴随这种情况的变化，一大批移动互联网科技公司纷纷进入医疗健康领域。

现在，已经有不少在线问诊平台诞生，并受到宅人群的喜爱。未来，物联网和云计算等技术还将深度应用到智慧医疗中。人们可以通过蓝牙无线传感器来实现远程诊疗和病情监测，这些健康数据通过蓝牙传至手机等便携设备，再发送给远程的医生，医生在做出诊断并开具好药物后，再由外卖物流的快递人员将药品送到用户手中。

这样的方式除了能给患者带来更便捷的看病体验外，也能很好地做到对医护人员的保护。如 2014 年爆发的埃博拉病毒不仅导致了 5000 名患者死亡，也夺走了近 500 位医护人员生命。

如今，市场上已经出现了各种各样的医用传感器，它们在测量体温、心率、呼吸频率、血氧饱和度等方面发挥了重要作用。如果在这

些传感器上加上蓝牙技术，那蓝牙技术就可以代替传统场景中医生、护士的工作，并实现对患者的远程监测。

蓝牙传感器将收集到的患者生命体征发送到专门的终端设备，这些数据再上传至医用生理机能分析平台，医护人员即可做到远程监测，并运用数据技术分析出患者生理机能的微小变化，提前判断患者的病变情况，及时防护，也避免了医护人员病毒感染的可能。

科技医疗技术正在不断完善，面对宅人们看病需求的实现也会越来越丰富。

就目前而言，宅人们足不出户，动动手指，通过线上问诊平台，就能对一些小病痛做到全面把脉。

广东省佛山市狮山镇开展的创新医疗服务就是通过云计算大数据、物联网、移动互联等方面技术，协调三级医院、二级医院、社区卫生服务中心站点等共同组成医联体，接入到云医院平台中，让居民宅在家中就能得到三甲医院医生的专业诊疗服务。

在线问诊很好地节省了大量医疗资源，在股票市场上，在线医疗、互联网医院相关概念也异常火热。同时，国家卫健委也倡导积极布局互联网医疗，在特殊时期，它的确能有效降低交叉感染病毒的风险。统计显示，2020 年春节期间，我国互联网医疗相关 APP 日活跃用户量最高时达到了 671.2 万人，最大涨幅接近 160 万人。

“云看病”有效解决了人们出门跑医院的麻烦。平常，我们最多见的就是医院里人满为患的场景，挂个号、取个药都需要排半天的队，这些早已成为人们线下医疗的痛点。而线上问诊平台的诞生，可有效地规避这些痛点。可以想到的是，在宅家期间培育出来的用户“云看病”习惯肯定不会随着宅家的结束而减弱。随着科技技术的进步，云看病能解决的病痛问题也会越来越广泛，云看病必将受到更多人的认可。

第六节　云教育：停课不停学

2020 年年初，突然暴发的疫情，让我国的交通、生产、教育等各行各业都受到了不同程度的影响，尤其是教育行业。由于对交叉感染的担心，不少学校都延迟开学，这种前所未有的状况对任何一位教师和学生来说都是一次巨大考验。

对于教师来说，课程停了，但教育不能停，教师需要利用好现代新型的信息技术进行线上教育，以让教育能够有序发展。而对于学生来说，线上教育没有了教师的监管，则需要充分的自律。

无论学生还是老师，对现代化教育技术的应用都是一把双刃剑，用得好，可以紧跟时代发展的脉搏，用得不好，教学效果就会大打折扣。

但“停课不停学”势在必行，我国各大学校就纷纷推出了云教育。教师们登录云平台，通过网课的方式向学生传授知识。教师和学生，通过电脑进行连接，家庭成为教室，虽然出现了一些问题，如学生自律性不强、网络环境卡顿等现象，但也有效地缓解了教育空白问题。

2020 年 2 月 17 日，教育部正式开通“国家中小学网络云平台”。这意味着，在云教育层面，国家也在积极行动。据统计，该平台上线首日，点击量就达到了 800 多万人次，用户覆盖全国 31 个省、区、市。除我国外，还有 47 个国家和地区的用户登录了该平台。在用户的使用设备中，80% 使用的是手机、平板电脑等移动设备。

其实不仅国家层面，一些教育企业也在积极应对。猿辅导、作业帮等网络教育机构也推出免费学期同步直播课。有专家预测，未来 5G 技术成熟普及时，在线教育将会成为香饽饽。

作为一种新事物，学生和教师都以积极的方式进行了应对。不过从实施上来看，大多数教师和学生都是第一次接受云教育，缺乏一定的经验和技术基础，有的教师甚至不会开启直播教学，有的学生没有合适的网络学习环境。这些痛点，都需要云教育平台做足功课，克服云教育中的硬性缺陷。

从目前来看，线上教育前途一片光明。几千年来，中国乃至全世界的教育模式并没有发生根本性的改变。虽然“云教育”出现了种种问题，但在这场轰轰烈烈的云教育体验中，我们看到了其逐渐发展壮大的趋势。例如，有的教师的直播，本来只对自己班的学生开放，但借助互联网的优势，成千上万别的学生也从中受益；有的落后地区的学生通过网课，看到了外面更加精彩的世界，发现学习原来还能这样进行。无论学生还是教师，都已经深深感受到了时代发展的力量，如果还像以前一样，只是固守三尺讲台，显然是不合时宜的了。

毕竟，星星之火，可以燎原。

第三章
“宅经济”的六大消费特点

作为一种新经济，“宅经济”围绕“宅”来展开，明显有着不同于传统经济的一些新型消费特点。了解并熟悉这些“宅经济”特有的消费特点，是我们获取“宅经济”红利的先决条件。

第一节 “宅”人群画像

现在，越来越多的人喜欢“宅”在家里，他们沉迷于自己的兴趣爱好不可自拔，用手机、电脑打发时间。尽管这种“宅文化”也经常遭遇各种“与社会脱节”的指责，但毋庸置疑的是，“宅文化”的影响已经遍及全球。那么“宅”到底是好还是坏呢？人们为什么喜欢宅?

有观察数据表明，在“宅一族”中，男性高于女性，男性占比57%，女性占比43%。从年龄段上看，“宅一族”基本集中于18岁至34岁，或许是因为“宅一族”的人群大多数为大学生或刚职场新人，抑或是因为“宅在家”能“省”下不少开支，从整体消费水平来看，“宅一族”的低消费水平占比高达57%。

我们可能会认为一线大城市并不存在多少“宅人”，然而事实与我们的认知正好相反，大城市中也不乏相当程度的“宅一族”。据统计，我国北京、广州、深圳的“宅一族”占比均超过20%，上海的

“宅一族”占比接近20%，其中，以深圳的“宅一族”占比最高，达到24.3%，北上广深以外，杭州的“宅一族”也很多，占比10.9%。长期处于高压生活中的人难免需要以适度的“宅”来减慢生活节奏，放松心情。

“宅”在家里的人们也是很忙的。据统计，一般的周末或是小长假，普通人平均在家里会待12小时左右，而“宅一族”则会待上长达20个小时。从时间上来看，“宅一族”的宅家时间比普通人整整多出了8个小时。那么，“宅一族”在家里都做些什么呢？

首先是睡眠。据统计，“宅一族”在休息日，一般会保持每天8.5小时的睡眠时长。对比各个城市“宅一族”的睡眠时间，有趣地发现北京“宅一族”最爱睡，而深圳的“宅一族”则睡得最少，北京的“宅一族”平均比深圳的“宅一族”要每天多睡25分钟左右。

当然，“宅一族”绝非是仅懂得睡觉的“懒人”，他们用在娱乐和学习上的时间也非常多。其中，看视频、看小说、打游戏、学习是“宅一族”普遍都会涉及的领域。据统计，工作日期间，“宅一族”对短视频阅读类APP的使用时长占比为23%，如果遇上小长假，这个比率则会上升到57%，也就是说，“宅一族”在假期，对兴趣爱好相关的APP，使用时长接近14个小时。再仔细分析，我们会看到“宅一族”对短视频类APP的使用时间最长，估计这也是现在各大短视频平台大火的原因之一。不过，如果想用“刷个抖音追个剧，翻本小说吃把鸡”给“宅一族”贴上“不求上进”的标签，显然也是不合适的。

据统计，“宅一族”在一天的时间分配中，在学习类APP上花掉的时间其实仅次于短视频APP。在假期期间，“宅一族”使用学习类APP的时间也有明显上升，由工作日的平均52分钟增长到近3小时。

另外，值得注意的是，“健身”相关类APP在“宅一族”感兴趣的APP中也占据不小的分量。据统计，“宅一族”在工作日时，每天花在健身类APP上的时长只在半小时左右，遇上节假日，这个时长就会达到1小时左右。

所以，从以上种种数据可看出，“宅一族”并非就是“懒人一族”，他们虽然喜欢“宅”在家里，但依旧热爱学习，喜欢健身，以实际行动追求健康的生活。“宅”不过是享受科技带来的便利，缓解生活压力的一种表现而已。在移动互联网飞速发展的今天，“宅一族”的生活已经可以和线下一样多姿多彩了。

也有很多不是天生很宅的人，受环境的影响也越来越宅了。不爱去陌生的地方，也不爱参加活动，甚至不愿主动接触陌生人。每当要去一个陌生的地方，或见一个陌生的人，他们的内心总是会产生一种抵触或是排斥的情绪，因为对未知无法预测。

现代的人越来越耐不住寂寞了，也越来越面具化，就连喜怒哀乐都是如此。但如果连喜怒哀乐都成为一种表演的话，那他们还是宁愿选择沉默地宅着。或许比起那些刻意的喧嚣与讨好，“宅一族”真的更爱一个人纯粹的安静与感动。

难免有人会困惑一个人整日宅在屋里会无聊和孤独，但其实喜欢宅着的人大部分都是喜欢宅着的这份感觉。在这个宅的空间里，他们感受到的是富足与安全，可能孤单会有，但不一定孤独。我们每个人生来都是孤独的，这一点无人能够幸免。对于有些人来说，必须依靠群体才得以排遣他的孤独，而对于有些人来说，独处即是力量。

第二节 经济下行消费意愿不减

2020 年全球经济呈现下行的趋势。这种不乐观的大环境让很多人惶恐。但其实，我们仔细分析就可看出，虽然经济在下行，但人们的消费意愿却丝毫没有减弱的趋势。

从当下的市场环境就能发现，人们的购物热情正在空前高涨，每一次网红、名人的带货直播都能带来“丰收”，电商的各种购物节，如 6 · 18 等也是人气满满，购物对消费者而言，就像搞批发一样，点外卖，囤粮食，当厨师，做美食，零食控，居家宅，撸宠物……这些都需要买买买。网友的购物热情越来越高，消费需求越来越火爆。

综合来看，“宅经济”下最具潜力的用品是以下几种：

1. 办公用品

宅时代，很多人开始居家办公。与办公有关的用品便成为宅人们的一大需求，这些用品主要包括与工作相关的电脑配件、网络辅助设备、办公家具等。

据统计，从2020年3月开始，与居家办公有关的上网WiFi和会议设备买家数量就一直呈现上涨的态势，有的办公用品，如计算机器、鼠标、办公椅等上涨幅度甚至达到了172%。

2. 室内健身器材

2020年年初，人们居家时间增多，运动行为从原来的室外转移至室内，大大激发了室内健身产品的消费需求。由于室内空间的限制，具有简易安装、轻便等特性的健身器材成为消费者的首选，如各类跑步机、划船机、健身板、瑜伽垫等。

据京东的统计数据显示，2020年春节期间，京东平台哑铃成交额同比增长60%，拉力器成交额同比增长109%，跳绳成交额同比增长56%，划船机成交额同比增长134%，自营瑜伽垫成交额同比增长150%。其中16岁至25岁人群占比同比有所下降，而26岁至35岁人群上升8%，46岁至55岁以上人群占比略有上升。

有意思的是，游戏与健身在不同职业层面上基本呈现反向的增长趋势，金融从业者、白领爱玩游戏的用户增长较快，而公务员、小镇居民的健身需求增长较快。

3. 餐厨用品

宅在家中，一来没法外出就餐，二来由于空闲时间的大幅增加，很多人开始选择亲自下厨房自制餐食。

这样一来，以厨房为中心的周边产品的需求便迅速增长，如厨房小家电、厨房家具等。

事实上，生鲜食品也一直是“宅一族”消费的主力。

据京东大数据显示，2020 年春节期间，民生类食品成交额增长 154%。其中，作为主要生活必需品的米、面成交额分别增长 5.4 倍、4.7 倍，方便食品成交金额增长 3.5 倍，食用油供应量达到 590 万升。

从生鲜食品上来看，京东的生鲜成交额 2020 年春节期间同比增长 215%，京东共为广大消费者提供了近 1.5 万吨生鲜产品。猪牛羊肉和禽肉蛋品的成交额同比增长了 400%，其中，成交额增长最高的产品是猪肉，同比 2019 年春节增长超 10 倍；蔬菜成交额也同比增长近 450%。

这些数据表明，很多人已经养成了在生鲜电商平台购买生鲜食品的习惯。

4. 宠物用品

在我国，养宠物渐渐成为很多人的一种生活日常。2020 年年初，遛狗几乎成为居民唯一的外出活动。由于人们对宠物的陪伴需求的增加，与宠物相关的产品的需求也与日俱增，如宠物日常消耗品、宠物配件、宠物健康用品等。

有数据显示，自2020年3月以来，全网与宠物相关的搜索流量明显上升；2020年1～3月，猫砂销量大增125%，狗粮销量大增159%。

5. 游戏影音

“宅”在家中，很多人便把多余的休闲时间用在了打游戏、看视频上。

2020年春节期间，游戏机品类成交额同比增长超200%，其中Switch成交额占整体成交额的近50%，索尼PS4成交额同比增长133%、微软X-BOX成交额同比增长188%；此外，平板电脑整体成交额同比增长55%，其中学生平板电脑成交额同比增长276%，华为平板电脑成交额同比增长324%。

在影音娱乐产品中，京东的影音娱乐品类成交额同比增长170%，其中家用投影仪成交额更是同比增长超200%，家用投影Top1单品极米H3销售额突破千万元，创历史新高。

“宅人”们宅在家中自然就引发了“宅消费”的大幅增长，从上面列举的情况来看，“宅一族”的消费需求不尽相同。如果再仔细梳理，我们还可以发现“宅消费”具有以下特点。

第一，消费者宅家消费五花八门，线上消费持续成长。

第二，26 岁至 35 岁年龄段的人群成为家庭消费主力。

第三，年轻人家庭责任感增强，成为居家商品选购达人。

现在的年轻人，宅家也能把生活过得多姿多彩，由此带来线上购物相关的“宅经济”市场将大有可为。

第三节 刚性需求迁移线上

2020 年一场突如其来的疫情，让各行各业都受到了不同程度的冲击，尤其是餐饮、零售、旅游、娱乐等产业生态更是被冲击得七零八落，同时，人们的消费心理和需求也潜移默化地发生了改变，新的消费习惯正在悄然间形成。大量线下消费市场遭到重创，消费者的消费需求不得不大量转向线上，宅在家中的人们也纷纷开始通过电商平台囤积物资。

有资料表明，2020年年初，在线购物的渗透率达到40%。以前，可能只是一些年轻人习惯于在网上购物，但在此期间，一些中年人或老年人也开始习惯于在网上购物了。

原本很喜欢外出就餐的人们开始“禁足”，但“吃”的欲望仍时时刻刻困扰着他们，同时他们又对外面食物是否安全充满了担忧。这时候，各个餐饮商家，也适时地推出了无接触的外卖服务，如肯德基、西贝莜面村、海底捞等，线上下单，再经过无接触配送的美食就成了“吃货”们的刚性需求，很大程度上满足了这部分“吃货”的需求。

现在，我国几乎大一点的城市居民都能很轻易地享受到外卖平台的服务。线上下单点餐一方面可以满足居民的购物需求，另一方面能在一定程度上缓解餐饮企业的压力。

不但如此，我国很多城市的大量社区还和超市、蔬菜零售企业、药房建立了合作，居民可以用手机在微信群、APP或者小程序下单，线下自提，这种下单再自提的购物模式不仅安全方便，更能节省人们排队结账的时间。

因为宅人们对食品安全更加重视，具有无接触配送特点的外卖服务的“高光时刻”也就在此很好地体现了出来。

其实，外卖点餐只是人们刚性需求转移到线上的一个缩影，人们的很多日常生活也在悄然发生转移，例如，衣着鞋帽、日常生活用品、医疗，所有的一切似乎都在一夜之间从线下转移到了线上。

医疗健康已成为居民消费者需求增长的一大爆发点。我国国内很多互联网医疗相关公司，例如阿里健康、腾讯健康、平安好医生、微医、医联、丁香医生等平台都开通了在线义诊，有效缓解了线下压力，减少了居民的交叉感染，也让更多人体验到了互联网医疗的好处。

据阿里健康的数据统计，2020 年 1 月，阿里健康医生数量超过 1000 名，访问用户累计突破 280 万人，参加线上义诊的在线医生人均日接诊量超 100 单。

体验过互联网医疗的人，可以逐渐培养他们的消费模式——将医疗需求从线下转到线上，而通过这部分有线上消费习惯的人，又可以影响周围人群的医疗消费模式。

这么大的消费力度骤然转移到线上，这便成为商家、企业需要着重思考的问题。积极布局线上，成为商家、企业一个必然的趋势。现在，第三方线上营销平台林林总总，这些平台具有很多优势，能让商家把自己的产品快速推广到各个地区，以满足人们大量的消费需求。

第一个优势是知名度高。现在人们普遍都知道“美团”“淘宝”“京东”等，这些平台用时间累积出来的国民信任度，成为商家进驻的重要选择。

第二个优势是用户基础庞大。对于商品经销商来说，这意味着将有越来越多的人看到你的产品，甚至“名扬全球”。

但是第三方平台就一定是百分之百的完美吗？答案是否定的。它们同样存在缺点。

第一个缺点是商品同质化严重。例如，我们随便打开一个电商平台，看他们的商品列表，就能发现成百上千的同款，有些商家甚至用同样的图片上架产品，这让消费者在选择上有了困难，一不小心就会买到次品或仿品。

第二个缺点是商家要向平台缴纳一定数额的保证金。大部分第三方平台都会收取并冻结一定数额的保证金，许多企业还没开始盈利就交了一笔钱，可谓是有苦说不出。

第三个缺点是昂贵的广告费。这点可以说是很多第三方营销平台的“特色”了，想要上首页推荐？那就得先交一定的“保护费”。

因此，我们要慎重选择第三方营销平台。如果实在不愿意选择第三方营销平台，我们也可以在微信中自建商品，在抖音里卖货，这些新兴社交平台往往具有成本低廉的特征，如果做好了拓客引流、用户维护、营销裂变，商家一样能获得不错的销售突破。

时代发展到今天，尽管事物存在着种种不完美，但不可忽视的是，人们的刚性需求已经迁移至线上，我们首先要重视这种需求，接下来再考虑选择以何种方式进行线上商品售卖。

第四节 到家业务爆发式增长

现代科技的发展催生了线上购物、在线医疗、在线办公、在线教育、游戏娱乐等各类线上业务，“宅经济”让各行业正在加速向“线上化”转型。

对于电商而言，到家业务拓展了自己的经营范围，需要拥有更快的配送效率。在人们越来越宅的当下，到家业务可以满足人们足不出户即能快速购物的需求，因此其市场规模也一直处于快速扩张之中。

到家业务最早是由互联网公司主导推动的，基于线上下单支付，门店或前置仓发货，快速送达消费者手中。早期，布局到家业务的企业主要有盒马鲜生、每日优鲜、叮咚买菜等，后来随着市场的扩大，很多传统商超为提高竞争力，也开始积极布局到家业务，如大润发、沃尔玛、永辉超市等。

早在四五年前，我们的到家业务就有了爆发式增长的苗头。据统计，在 2016 年到 2018 年，我国的到家业务市场规模年均复合增速就超过了 100%。2018 年，到家业务的市场规模就达到了 5680 亿元左右。

从形式上来看，到家业务主要有以下几种类型。

1. 外卖到家

外卖到家由专门的外卖平台经营，如美团、饿了么等，这也是我们平常生活中比较常见的一种到家业务。

2. O2O

盒马鲜生、每日优鲜、永辉超市等的到家业务都属于这种模式，消费者在线上下单以后，商家直接把商品配送到消费者家中，这种配送到家的主体是实体店。

3. 前置仓到家

有些没有实体店的商家，他们会在居民区把商品前期配送到附近，然后根据消费者的需求，下单购买，30 分钟左右就可以配送到家。

4. 社区团购

所谓社区团购，是指消费者在社群里买东西，然后第二天由商家配送到家的模式。

到家业务中，生鲜品类是主要的配送产品。民以食为天，人们宅在家首先要解决的就是温饱问题。2020 年春节期间，人们减少外出，线上买菜就成了一种刚性需求，这使“送货到家”业务获得前所未有的关注和爆发式增长，一直布局“到家”业务的盒马鲜生、京东到家、美团买菜、每日优鲜等生鲜电商企业业绩增长十分亮眼。微信小程序官方数据也显示，2020 年除夕到初七，小程序生鲜果蔬业态交易笔数增长 149%，社区电商业态交易笔数增长 322%。

而在到家业务的竞争中，商品品质与种类、配送时间、配送覆盖范围、供应链成本等都是竞争的重点。商品品质与种类、配送时间、配送覆盖范围会直接影响消费者的体验，而供应链成本则会影响企业的盈利水平。在同一区域范围内，商品同质化严重、商家重叠度过高，就会加重市场竞争激烈程度，降低企业的盈利能力。

第五节　宅时间延长激发互联网需求激增

2020 年年初，为了充实自己的生活，“宅一族”理所当然地将休闲时间的注意力放在了互联网上。在这种情况下，不少游戏和视频平台也因此收获了意外的流量。

根据分析报告指出，游戏类 APP 是 2020 年春节期间 iOS 下载排名上升最多的 APP 分类。即使是以前普通用户不太涉猎的主机游戏，在春节期间也迎来了爆发式的增长，2020 年 2 月 2 日，Steam 平台同时在线用户数量突破了1880万，创下了新的历史纪录，而淘宝上《健身环大冒险》的现货售价更是水涨船高，价格几乎比原价翻了一倍。

而在视频领域，自2020年1月24日以来，芒果TV、优酷视频、西瓜视频等视频平台iOS的下载排名均出现提升。以芒果TV为例，2020年热播综艺TOP6的春节七日播放量较2019年同期就有明显增长。

2020年除夕当天，字节跳动宣布，《囧妈》将在西瓜视频、抖音火山版等头条系APP上免费播放。这也是春节档电影首次在线播放，徐峥背后的港股公司欢喜传媒除夕当天即大涨43.07%。

以前，人们在春节期间的日常是走亲访友，但2020年春节期间大部分人都长时间“宅在家”。在这种情况下，带有社交属性的游戏备受玩家青睐，兼顾社交与娱乐属性的游戏分解了部分的社交需求。

据数据统计，截至2020年1月30日，春节前后7天内排名上升最快的前20名手机应用中，超过一半都是视频、社交、游戏类产品。其中，7天内排名上升前20的手机应用里线上社交游戏高达六款，分别是为《玩吧》《我是谜》《口袋狼人杀》《百变大侦探》《剧本杀》和《饭局狼人》，而一些国民游戏，如《王者荣耀》《阴阳师》等也位列前茅。在线下和外出活动受到制约的情况下，游戏成为人们的沟通媒介之一，在给人们提供娱乐的同时，也满足了人们的社交需求。

而从消费者的角度来说，“宅”是“宅男”“宅女”的常态，当这种常态形成习惯以后，“宅”本身就会成为一种习惯。宅在家中，休闲时间就会大大增加，这些增加的休闲时间便成为互联网公司抢占的一块“高地”。因为即便是“宅”，人们也不可能什么都不做，如打游戏、看电影、刷视频等，激增的互联网需求，必然会给相关的商家带来发展良机。

第六节　新消费拓宽的新赛道

消费在经济学上指的是对商品和服务的获取和使用，它源于人们对各种商品的欲望。当人们拥有支付能力的时候，欲望转化成对商品的需求，于是产生交易。

上面这段话翻译一下，就是我们俗称的“买买买”。在这点上，全球人民都一样。我国有“双十一”，美国有“Black Friday”。

而“新消费”这个词，其实是被国家认证的。

2016 年，中国消费者协会发布正式提出“新消费时代”，明确了六大领域将作为新消费的重点领域和方向：服务消费、信息消费、绿色消费、时尚消费、农村消费、品质消费。

新消费还对应另一个更洋气的词——“消费升级”。当下，“80后”“90后”已经成为商品社会中消费的主流。这部分人群有着极强的个性意识，在对商品的选择上，他们可能更关心的是商品的实际功能，更关注商品的体验是不是好，而原来被人们关注得最多的价格则退居到了次要的位置。

还有，目标受众细分明显。现在的消费者可能更愿意基于兴趣、文化，甚至商家提供的服务去购买商品。于是，那些乐意与用户互动，能给用户带来积极情感影响的商品，就更容易受到用户的青睐。

消费理念的转变撬动了新的消费场景，从原本的“衣食住行”延伸到“衣食住行娱”。现在的年轻人，越来越舍得花钱，敢于花钱，他们在健身、旅行、休闲、文化等产品消费的背后，都受到品质型、娱乐型的消费理念的驱使。

例如，现在很多线下购物中心就增加了体验式消费的场景设置，以迎合现在新的消费需求。

例如，阿里巴巴与银泰商业共同打造的House Selection（生活美学馆）。在店内就有咖啡吧、书吧等像家居样板间一样的独立空间，消费者可以对在这个生活场景中看到的满意的商品直接下单。这就是从“卖产品”过渡到“卖生活”了。

其实，增强体验感不只是线下的专利，线上商家同样要给消费者营造极佳的体验感。用户为什么要买我们的商品，那一定是我们的商品能满足他们的某种需求。那既然用户想要某种商品，例如手机，面对众多的品牌，该怎么选择呢？通常的答案也是，在用户心理价位区间的产品中，用户体验越好的，购买倾向就会越强。

体验是用户对一款商品最直观的感觉。同一类型的商品，用户在体验时就会在心中做出区分，他们不在乎商家说的这款产品赢得了多少专利和奖项，他们只关注这款商品是不是适合自己，是不是符合自己意愿的。

做体验要做好以下几个方面：一是要做好触点体验。所谓触点体验，就是保证我们在与用户接触的每一个点上，都能让用户感觉无限美好。二是提升用户的参与度。三是提高用户的满意度。其实让用户满意，是提高用户体验的最直接方法，毕竟没有哪一个消费者会拒绝商家提供的既细致又周到的服务。

现在，移动支付已经全面普及，数据技术的不断迭代，以及物流等后端的升级帮助零售场景重构了人、货、场。在新零售这个赛道，盒马鲜生可谓其中的佼佼者。

阿里巴巴旗下的盒马鲜生，于2014年开始筹备，2016年开出第一家门店。其主要模式就是线下的门店和线上的APP融合运营。

盒马鲜生线下门店类似于精品超市，生鲜和餐饮类品类很高，基本都是包装后销售，店内没有电子秤。其线上APP经营的商品主要来自于线下门店，在各门店附近5公里范围的订单，他们都可以即时送达，配送时间不超过半小时，并且没有起送门槛。

盒马鲜生的门店入口有APP下载推广专区，门店顶部有传输履带。APP用户下单以后，门店可以快速捡货，货物由履带发送至物流区。

这里，盒马鲜生的APP主要服务于门店附近5公里的人群，这样可以确保自己能缩短交货时间。而线下门店则可以为客户提供良好的购物体验，满足用户随时随地“吃”的可能。同时，他们会用大数据来分析每个消费者的购物偏好，并在盒马鲜生的应用上做出个性化的建议。他们还根据客户的购买习惯，为客户提供精准的商品推荐。

因为线下门店体验好，线上APP购物简单便捷，盒马鲜生到目前为止，已经发展了13家公司，成为新零售行业的典范。

盒马鲜生线上与线下的场景融合表明，传统品牌也可以利用新赛道为自己制造新机会。

中国互联网的快速发展，带动了很多产业的大升级，吃穿住行都在改变。所以，每个时代的消费者构成，都是消费需求螺旋式上升的过程，这是人类社会的进步。

第四章
“宅经济”的五大商业特点

“宅经济”不仅有着不同于传统经济的消费特点，它也有着不同于传统经济的商业特点，这些商业特点是企业、商家进入“宅经济”必须遵循的路径，只有从这些路径出发，我们才能做好宅经济，发展好宅经济。

第一节　宅经济进入数字化时代

“宅经济”简单点来说就是“宅”在家里的经济，包括居家消费和居家工作。

随着互联网技术的发展，数字化已经成为人们生产生活中一个不可逆转的趋势。现在，以大数据、区块链、5G、人工智能、物联网等技术为支撑，我国拥有了全球最大的互联网用户、智能手机网民群体。由此也带来了一个庞大的数字经济世界。“宅经济”作为经济界的新宠。

技术从来都是驱动“宅经济”持续增长的重要因素。互联网、社交媒体、移动应用打破了空间界限，让距离不再是问题。VR 和 VR 传感技术的应用，让立体呈现实景图景成为可能，人们宅在家里也可以看到原来只能在线下看到的场景，甚至还能体会到线下运动一般的快乐。在线理财、在线医疗、在线教育正在从科技中受益，并演变为未来的大趋势，智能手机、智能音箱、家庭陪伴式机器人在与“宅人”们的接触中功不可没，没有这些媒介，“宅人”也不可能成为一股扩大化的趋势。

虽然现在，5G、云计算、视频会议、在线协作技术以及各种在线应用，可能还没有完全普及。但这些技术的普及也不过是时间早晚的问题，一旦它们全面普及开来，全民皆宅也不会是梦想。

技术与产业相互作用，巨大的需求催生商业模式创新，推动产业变革，产业发展的同时也进一步促进了技术的优化和成熟。

对于那些传统产业而言，“宅经济”是新面孔，也是一种“破坏式创新”，它完全改变了传统产业的营销理念。想一想，在互联网没有出现之前，线下门店有多么风光，各大街头人满为患，各家店前人头攒动，商家们以客流量作为标准来选址、经营，以招揽人头作为营销的主要手段。而到了数字经济时代，这些仿佛一夜之间就失去了效用，人们越来越依靠线上解决消费需求，人们的消费和生活方式被重塑。这种转变虽然加剧了传统企业的压力，但也为企业转型打开了新的广阔空间。一些走在时代前列的企业，通过数字化转型，已经从线下单一渠道发展为线上线下融合的全渠道模式，从以前以产品为中心的营销理念转变为以消费者为中心。远程办公、远程医疗、在线教育等新兴产业发展更是驶入快车道。

从消费端来看，消费形式由线下转到了线上，如停课不停学的在线教育，减少办公室人员聚集的远程办公，无法亲临健身房转而在家锻炼的网上健身，成为 2020 年最强春节档的网络游戏，等等。总而言之，“宅家”“宅”出了“宅经济”的逆势上扬。

和早前人们认识的“宅男”“宅女”不同，现在的人们宅在家中，绝不仅只是追追剧，玩玩游戏那么简单。今天的“宅一族”宅在家中，生活内容不仅包括居家娱乐，还包括居家生活、居家办公、居家学习，宅经济的周围，带动的是产业链上下游的联动，甚至带动的是新商业模式的创新。

那么，“宅经济”的市场规模到底有多大呢？

在居家消费的数据中，网上购物十分火爆，近年来快速增长的到家服务也贡献显著。有专家预测，从 2020 年到 2023 年，全球的在线餐饮外卖市场年均增长率将超过 15%。远程办公市场同样未来可期。在全球范围内，超过 25% 的人，每周都至少有一部分时间是在远程办公中度过的，这一比例在亚太地区更高，达到了 37%。

在亚马逊网站上，我们可以看到各种各样的供人们在家工作的职位信息，如技术开发、销售、运营、人力资源等，以前一些只能在办公室里存在的工种现在已被全面“解放”到了家中。不仅亚马逊，在我国也能看到这些在家工作的信息，如著名的猪八戒网。随着居家工作的日趋流行，“宅经济”这一词汇也备受国际关注。

正是因为全民都在参与，有数字化打下的坚实基础，有各行各业的渗透，还有一批这些年来全场景布局的企业，能够迅速洞察消费趋势，协调双线业态比重，重点发力线上，同时协同线下业态，所以中国“宅经济”道路并不“窄”，并走出了自己的“宽广”之路，也让数字经济这一经济发展的新引擎展现出了强劲的活力。

中国经济不是一个小池塘。2020年年初人们不得不宅在家里，全民皆宅的现实有效带动了宅经济的高速发展。电商全面进击宅经济，是对中国电商的一次大考，而作为消费者的中国百姓，通过这次大考，全面地看到了数字经济带来的独特魅力，看到了“宅经济”的韧性和活力。我们相信，在数字化的助力下，“宅经济”也将成为越来越多消费者的第一选择。

第二节　宅经济时代的用户培养

过去的企业，基本都是重资产的模式，即利润要自己挣，很难获得融资，因此大家才那么在乎利润，毕竟“有钱才好办事”。而现在，企业拿到投资已经不是什么难事，只要你的产品或服务，甚至创意能打动人，你就可以拿到投资，或者是通过众筹获得资金。因此，企业对利润的追求逐渐转弱，反而回归到商业的本质——用户培养上来，这也是德鲁克特别强调的一个观点。

从某种意义上来说，企业生存的目的也是用户培养。因为企业的利润是由用户来决定的，只有当用户愿意购买企业的产品或服务时，企业才能找到或拓展盈利空间，而且这个用户的基数越大，企业能够展示的舞台就会越大。在这个“宅经济”的时代，如果一个企业拥有了大量的用户，那它就有了丰富的想象力，可以做很多事情。

宅经济进一步培养了消费者线上购物、外卖、商超宅配的消费习惯。面对新型的“宅经济”趋势，我们又该如何做好用户培养呢?

培养用户的第一步，是满足用户的需求。值得注意的是，我们这里讲的是用户培养，而不是满足顾客。要做到用户培养，就要考虑要怎么去满足用户的需求，认识到用户考虑的价值所在，甚至是创造用户的需求。

什么决定需求?作为一个商家，我们首先要找到我们售卖商品的价值，“宅经济”时代是不是符合“宅人”的实际。价值是由需求决定的，“宅人”们不需要，你的商品就可能是毫无价值可言，宅人们非常需要，你的商品就可能是有价值的。

我们在“宅经济”时代，应该卖什么产品，提供什么服务，都应该从“宅人”们的需求出发。而决定“宅人”们需求的，又是他们的思想和观念，通俗来说就是想法决定需求。人的想法是千奇百怪的，所以商品也是林林总总。但对“宅人”们而言，无论何种想法，都是围绕“宅”来进行的，如果我们的商品能够满足“宅”的条件，我们就可能创造用户需求，继而做到下一步的用户培养。

用户培养的第二步，是要全方位地给用户制造惊喜。在宅经济中，大家没有了线下的交集，都通过线上交流，而线上的交流用户们最看重的可能就是商家的口碑了。别的不说，你点外卖，如果看到用户评论中，有太多的差评，可能没有多少人会有继续下单的冲动。而一个商家，如果他的商品和服务能让用户感到惊喜，他就能获得用户的好感，进而很好地做到用户培养。

股神巴菲特曾经说过一句话：“能让客户感到惊喜的企业相当于拥有了一个免费的销售团队，你看不见他们，但他们却无时无刻不在替你宣传。”

做“宅经济”也是如此，我们不仅要满足用户的需求，更重要的是要全方位地给用户制造惊喜。商家通过线上店铺、微信、微博、抖音平台给用户制造了惊喜，用户瞬间就可以将商家信息转发出去，帮商家进行宣传。从另一个层面来说，给用户制造惊喜，也是商家将用户的朋友变为自己用户的绝佳途径。

用户的惊喜感从哪里来？其实惊喜感就是用户的一种兴奋性需求。商家除了提供给用户出乎意料的产品外，出乎意料的服务更是必不可少的，当商家的产品或服务超出了用户的预期，用户就会对商家非常满意，从而提高用户的忠诚度。

第一个践行“社交音乐”的网易云音乐，在推出时将每首歌曲的信息、封面都做得很完善。而当时的音乐产品，一般都只有歌名、歌手，网易音乐在细节上一点不含糊，就超出了很多用户的预期。

我们的服务也是一样。现在，常规的服务可以说已经很难打动消费者了，所以我们应该拿出海底捞一般的服务态度，让用户感觉温暖、惊喜，这样才能打动消费者。

培养用户的第三步，是要用好活动营销这柄利器。线上经营从另一个层面来讲，也是流量经营。在流量运营中，有一个经常被人们提起的公式，即销售额＝流量 × 转化率 × 客单价 × 复购率。这里，好的活动可以吸引用户的广泛参与，相当于提高了流量，例如一些促销活动，也可以大大提升商家的转化率，复购率也是一样。所以对于销售额来说，好的活动可以同时提高几个参数，那么我们最终的销售额也可以大大提高。

活动的形式很多，不一而足，像互动小测试，或者是幸运抽奖，大转盘，以及商家的优惠、打折、送券都是，但无论哪种活动，商家的目的都是快速提升流量、完成用户培养，最后提升销售额。

第三节 宅经济时代的宅品牌塑造

当代市场，品牌已经成为用户选择产品的一个重要判断标准。不少用户对于产品的购买，甚至是直接冲着品牌去的，由此可见品牌对于产品的重要性。

消费者对于一个品牌产生好感，是很多因素的叠加。企业要塑造品牌，就是要利用消费者能够接受的因素，来增加消费者对这个品牌的情感凝结。

对于“宅经济”，我们已经知道的是，“宅文化”正在成为主流，“宅人群”正在迅速壮大。“自由宅”时代，宅会成为一种积极、健康、阳光和有趣的生活方式。宅文化和其背后的宅经济都十分值得品牌关注。因此要针对用户群体新的文化情境展开行动。面对宅文化，已有一些品牌在布局。

例如，天猫超级品牌日就首先瞄准了“宅文化”这一趋势，在

2020年3月推出了一个“超级宅宅宅”主题活动，联合老板电器、科沃斯、怡思丁等8个一线品牌，在微博、抖音、B站等社交平台推出了一个“瞧把你宅的”话题，希望激励品牌方用更多方式来抓住消费者的宅生活。

在这个活动中，不出门可以尽情撸串，用厨柜家具来健身，用手机看演唱会，口红粉底液成了平板支撑的工具……脑洞被打开的背后，是品牌抓住青睐宅文化的年轻人的系列尝试。

公开数据显示，现在全世界已有超过20万品牌在与天猫合作，天猫已不只是品牌卖货的重点渠道，同时也实实在在成了品牌与消费者沟通的平台。在天猫，消费者可以关注品牌成为粉丝，可以参与品牌的互动活动，甚至可以参与品牌的产品共创。而品牌则可以基于天猫的数字化能力进行新品共创、新品首发、品牌营销、产品销售与智能经营。

天猫的超级品牌日活动推出于2015年，如今已成为全网第一营销IP，过去五年里先后和数百品牌合作超过400多场超级品牌日项目，成为营销行业的现象级存在。每个品牌在自己的超级品牌日，不只是可以上线专门活动打造专属于自己的双11，同时可以在这一天在天猫搭建的舞台上，利用天猫聚合的全网流量资源与消费者展开一场集中对话。通过天猫超级品牌日，品牌不仅能够获得销量的集中爆发，更关键的是能把自己的品牌精神传递给自己的消费者。

知道了天猫超级品牌日的背景，我们就很容易理解为什么在现今这个时代，天猫超级品牌日为什么要联合一些品牌来玩一场主题为“超级宅”的活动了。在这个活动中，天猫超级品牌日帮助品牌抓住全民宅文化背后的全网注意力和流量红利——不只是天猫，微博、抖音、B 站等年轻人聚集地和宅文化社区的注意力也被整合到一起；可以帮助品牌通过抓住宅文化进而真正占据年轻人的内心，抓住用户宅家这样的场景与其进行一场深度对话，可以帮助平台上的众多品牌认识和抓住正在兴起的宅文化，未来自由宅文化更是每个品牌都要抓住的文化情境。

那么，自由宅时代品牌又要怎么做生意呢？

可以想见的是，当人们外出的时间增加的同时，依然会将自由宅作为一种生活方式。不管你是否承认自己“宅”，都改变不了每个人一生都会有大约 2/3 时间在家的事实，这个比例让很多人意外，但人类平均睡眠时间是 8 小时，算上醒着的时间和周末，2/3 应该不夸张。正因为如此，品牌抓住宅文化就是抓住年轻人，就是抓住宅经济，就是抓住用户 2/3 的时间，到底怎么去抓？这是值得企业、商家深思的一个问题。

首先，用户宅家生活场景正在不断延伸，因此品牌要有更多的外延价值。

在一些人印象中宅家生活就是躺在沙发或者床上，吃零食到饱、追剧追到困、玩游戏玩到累……这是十年前的宅家生活方式。从“瞧把你宅的”活动的结果来看，其实一万个人有一万种宅家生活方式，包括瑜伽、烹饪、种菜、阅读、上网课、恋爱、购物、收纳整理、练习化妆、追剧……人们甚至会将原先不会在家做的事情搬回家来做，比如办公、健身、上课，等等。

因此，品牌应该结合宅家生活场景的延伸去做自身价值的外延探索，突破品牌原先的场景边界，将品牌的内涵与新的宅社交场景关联起来。

其次，品牌应该抓住新生代用户宅家生活“向上”的调性，传播“向上”的精神。

中国的宅文化已然成为一种上进、积极和健康的生活方式。城市化程度越来越高、自然环境的压力越来越大，人们的生活节奏越来越快，宅家的轻生活、慢生活和静生活，会成为日益流行的生活方式，因此，品牌要抓住宅文化，一定要注意到宅是一种上进、积极、阳光、健康、安静的生活方式的特点，针对这一点讲述品牌故事，传播品牌精神。

最后，用户宅家需求正在变化，品牌要洞察消费者的需求变化，让产品做出配套升级。

品牌是企业与消费者沟通的桥梁，不只是要单向传播信息给消费者，同时要倾听消费者的声音，这样的声音以往来自传统市场调研手段。企业通过品牌调研收集大量的情报或资料后，需要确定自己品牌系统中的问题、影响的因素，重新做品牌的定位与设计。要根据企业的现状、竞争对手的情况、社会公众的各种条件来设计品牌。品牌的设计包括名称、标记、外形、功能、性能等。所有这些，都是以产品的品质为核心，以用户的倾向和习惯为基础的。要把品牌植入消费者的心里，让消费者与产品之间产生粘性和共鸣，认可产品的价值和存在。

总的来说，未来“自由宅”时代品牌要做好生意，就一定要洞察消费者在宅文化中的需求变化、生活场景变化、消费理念变化、生活习惯变化等，在产品、服务和营销上做对应的行动。

第四节　宅经济时代的宅营销之道

2020 年伊始，宅经济风潮迅速扩大，营销形势也随之发生变化。企业品牌也应该在这个时候及时调整战略，找到与用户联系的最佳方式，构建好品牌对用户的好感度。

宅经济时代，营销有一个最基本的原则，那就是“用户在哪里，营销就在哪里？”宅时代，用户的注意力已从线下全面转移至了线上，在线上营造各种场景，并有效触达该场景下的用户，与用户进行深层的情感连接，成为这个时代最为有效的营销策略。

那么，品牌要如何与用户建立联系，并与用户产生情感连接呢？

1. 构建场景

现在的消费者，无不在渴求着用最少的时间和精力来达成自己的购买心愿。例如，消费者想要吃汉堡时，总希望麦当劳能第一时间将汉堡送到他们手上；消费者吃完饭想要结账时，也总恨不得马上就付钱走人，谁也不愿意排队。

而面对这样的消费者，商家要做的就是制造让他们感动的场景，造景就是要让消费者获得更好的体验感。这就好比航空意外险之所以在机场卖得特别好，主要原因就是乘客来到机场后，会突然想到飞机有坠落的危险，这个场景便激发了乘客购买意外险的需求，特定的场景便激发了乘客对危险的担忧。

宅经济营销也是如此。在造景的过程中，大数据可谓是宅经济营销最好的帮手。商家可以利用大数据技术，轻易地描画出消费者的年龄、性别、收入、喜好及所在地域的特征，打造相应的场景来吸引顾客购买或消费，这就是构造场景。

例如，一个卖购物卡的商家，在春节等节庆日时，就可以结合消费者的地域分布，精准为消费者推荐当地超市的购物卡。

2. 输出有益的价值观，打造品牌好感度

企业面对消费者输出的内容，承载着价值观，是传递价值观的最有效方式。

宅经济时代，品牌可以通过内容来传递相应的价值观，做到真正关心用户，展现自己的社会责任。此外，也可以利用多端口通投的方式去完成全路径的用户覆盖及触达。

现在，企业多通过社交媒体平台来向消费者输出内容，首先，内容要有框架。用户画像是什么？他们有哪些需求？如何才能给他们做出及时的信息反馈？这一系列问题，结合起来构成一个大的框架。而所有的输出内容，都应当基于这个框架，围绕用户的核心价值点进行。

其次，内容要有及时性。如果内容平平、老生常谈，对用户是无法达到“一石激起千层浪”的效果的。融入用户参与感的内容，则能够激发用户的参与热情，在参与的过程中有效提升用户黏性。而输出这种有用户参与感的内容，才更能保证吸引用户的持续参与。

最后，内容要有及时性和持续性。企业要能够及时将当下热点事件融入内容当中，为营销造势。同时，还要对用户发起的内容反馈给予第一时间的回应，让用户产生被重视的感觉。

通过行之有效的策略组合及方式，借助内容在情感上与用户深度交流，从而产生共鸣提升品牌认知和好感。放眼未来，用长线思维持续投资品牌建设，构建品牌好感度都是在经济下行的非常时期，使品牌价值获得持久增长的有效方式。

3. 塑造口碑

宅经济营销发力的不再是渠道、终端，而是公众口碑。做好了口碑，就会在公众中形成广泛的知名度；做好了核心人群，才会由这部分核心人群来带动其他大众，最终形成广泛的覆盖和影响力，这是宅经济营销独有的营销逻辑。

本来，口碑在移动互联网时代就应该是商家最为看重的特质之一。口碑是网民们的口口相传，不仅廉价，而且有着极高的可信度，在市场中还有很强的控制力。因为现在的网民们已经习惯于参照别人对商品的评价来选择产品。

这就好比人们在选择去一家陌生的饭店吃饭时，总会征询一下以前在这家饭店吃过饭的朋友，听听他们对这家店的评判：菜好不好吃？服务是否周到？朋友的评判如果是好的，那人们有很大可能就会选择这家店。一旦朋友的评判中有不好的一面，人们可能就会立即拒绝。

这里，朋友对饭店的评判就相当于这家饭店的一个口碑，口碑的好坏决定着这个人是否去就餐，也决定着这家饭店是否拥有一份收入。宅经济营销中，每一个人都可能成为信息节点，在这样一个开放的市场中，不好的传播会导致产品更快走向死亡，而好的传播又会更快地让一个产品形成品牌效应。所以，宅经济营销让用户话语权前所未有地高涨时，口碑也成了商家塑造品牌的最好路径。

第五节 宅经济下的另类生产力

中国“宅经济”业态早已有之，特别是在2020年线上消费、线上娱乐需求增加，使“宅经济”成为当前重要的经济发展模式之一。

2019年春节黄金周期间，全国零售和餐饮企业实现销售额超过1万亿元。2020年春节消费大幅度减少。其中，餐饮、酒店、旅游、影院、交通等行业首当其冲，有关企业收入出现断崖式下跌。但在线购物、在线娱乐、生鲜电商、在线医疗、在线教育、在线办公等经济业态相对活跃。

线上经济的发展，催生了诸如无人配送、共享员工之类的新运营模式，未来随着互联网技术持续改进升级，更多经济新形式、新业态将更具探索空间。

外卖平台已成为消费者购买生鲜果蔬的重要平台。美团、饿了么、京东等积极拓展在线买菜、无接触配送等服务，进一步争夺用户，而叮当送菜、每日优鲜等也趁机发力。那些拥有庞大自营配送团队的外卖平台，相对可以满足用户对于生鲜商品的需求。

玩游戏、买菜、云办公等长期居家使各类生活娱乐场景大爆发，生鲜、小游戏、教育等小程序觅得此良机，平台端收割了大量用户。

小程序确实解决了大量用户的痛点。一方面，小程序轻便快捷，用完即走，适合功能单一的工具型产品；另一方面，借微信这样普及度很高的应用，小程序能迅速触达下沉市场，成为重要的获客抓手，过去调用率低的小程序也被快速激活。

据小程序数据平台“阿拉丁”的报告显示，2020 年 2 月，全网小程序 DAU 数据已经到达 4.5 亿，小程序数量达 360 万，月度 TOP100 榜单的替换率达到 53%。

细分领域来看，微信官方数据显示，2020 年农历春节期间，政务、办公、生鲜等小程序的用户访问量同比大增，医疗类小程序的用户量更是在三周内增长 3.47 倍。

例如，广州市政府上线的“穗康”小程序，提供了“健康自查上报”“口罩预约购买”等功能，上线当天访问量突破了 1.7 亿；上海市政府推出的“随申办”小程序，则能为有夜间用药需求的用户提供“24 小时药店”搜索服务。

支付宝就在 2 月上线了“买菜”小程序，并接入美菜网、盒马鲜生、大润发等十余个商家，仅 2020 年春节期间的日均交易金额就同比增长 132%。

从 2019 年起，小程序这个新赛道就开始涌入大量玩家，行业内可以说是多点开花，当用户需求不断走向细分垂直，手握货源的供给端又缺少线上获客入口，小程序就变成了连接供需两端的重要平台。

可以想见，未来当供需两端都将小程序工具作为重要连接器时，消费互联网也会介入生产生活的各个方面，企业数字化、经营数据化的程度也将不断提高，生产力和生产关系都有望发生新的变化。

第五章
“宅经济”相关受益产业链

“宅经济”兴起，新的商业模式也在催生着一大批新的机遇。一些相关产业链，如网游、网购、在线教育、互联网医疗等，均在不同程度上有所受益。对于这些产业链所在的企业而言，抓住机遇切入“宅经济”，是当前最好的选择。

第一节　网游、网购：两座最大的金矿

在“宅人群”的市场中，没人会否认，网游和网购是“宅经济”市场中最大的两块“蛋糕”了。

先说网游。宅人们宅在家中的时间增多了，休闲时间也就相应增多，而网游就成了人们打发休闲时间的最好方式。网游不但具有丰富的娱乐属性，还带有社交属性，用户们在玩的同时也满足了一定的社交需求。

对于网游在“宅经济”中的火热程度，我们通过网游市场在2020年的表现便可知晓。

有数据显示，从2020年1月到6月，中国网络游戏市场实际销售收入达到1394.4亿元，同比增长22.34%，这个增长速度已经超过了99%的行业。

在2020年春节期间，网络游戏企业中，除了腾讯、网易仍旧表现抢眼外，完美世界、电魂网络旗下的游戏也都有非常不俗的表现。

如果说大型的网络游戏是年轻一代“宅人”们的最爱，那对于一些中老年“宅一族”而言，他们最喜欢的网游可能就是在线棋牌游戏了。在这里面，腾讯再一次成为最大的赢家，其旗下的《欢乐斗地主》《腾讯欢乐麻将》的排名均在2020年春节期间进入了前十。

从整体表现来看，2020年春节期间，竞技类网游稳定增长，但最受欢迎的还是轻度休闲类游戏。全民宅家时期人们对于网游的喜爱倾向完全可以成为游戏企业在“宅经济”时代推出新游戏的一个风向标。可以预见的是，未来中国轻度游戏的玩家还会持续增长。

当然，由于人数剧增，2020年春节期间有的游戏服务器出现了崩溃的情况，这也应该引起游戏企业的警惕，加强网络硬件的配置，是否能给用户提供更好的游戏体验将成为网游企业争夺用户的关键。

再说网购。从2008年开始，由于全球经济危机的出现，让越来越多的消费者转变了自己的消费行为，开始线上购物，热情拥抱“宅经济”了。早在2009年，就有3亿多网民有过网上购物的经历了。

如今，早上睡到自然醒，还来不及吃早饭就迫不及待地点开手机，打游戏、看电影、聊天等，手指轻轻一点，等着快递送货上门，购物足不出户，已经成为“宅人”们的生活常态。

更何况，现在网络购物的形式多样，不仅能够看到三维的商超画面，还能够通过直播与商家随时互动，在线咨询各种问题，将所有购物的烦恼消弭于无形。

更加重要的是，如果是线下购物，商场到了晚上某个时间段必定会打烊，而网购商家24小时在线，消费者想在什么时候买，就在什么时候买，完全没有时间的限制，这也大大提升了人们从线下购物转向线上购物的体验。

事实已经表明，通过网络购物已经成为人们的一种习惯，这个群体不仅限于年轻人，也包括中老年人，这便给众多商家带来了发展的契机。可以想见的是，未来如果企业不改变打法，不开拓电子商务，而是死守传统门店，这样的传统企业必然会走上死胡同。

就像海尔集团董事局主席、首席执行官张瑞敏说的那样："没有成功的企业，只有适应时代的企业。处在互联网时代，企业只能跟上互联网。百年企业就是通过'自杀'重生的。"处在"宅经济"时代，我们也必须跟上"宅经济"的步伐，及时转型，布局线上，才是其中的王道。

第二节　在线教育迎东风

当前，在全民互联网的迅猛发展之下，在线教育的兴起，改变了人们对于教育行业的定义，从传统的面对面教育培训，到利用互联网带来更广阔的世界观，加大社会化协同，知识也越来越去中心化，在这个过程中，因为互联网改变了人的认知，也促使了教育的创新，从教学思想、教学理念、教学组织形态、教学方法等都将有翻天覆地的改变。

在线教育的发展有哪些具体的优势？

1. 不受时间、空间的限制

在线学习可以做到：随时随地进行，不受时间、空间的限制。学生的学习时间是自由可控的，他们可以随意调配自己的时间将学习效率最大化；他们的学习地点更灵活、更方便，在家里甚至在外面，只要有网络的地方，都可以自由学习，可以很好地利用碎片化的时间。

2. 快速和及时性

在线学习无须下载，无须等待，可以快速获取要学习的内容。只要能上网，任何时候都可以及时地开始学习，不浪费一点时间；学生们无须担忧学习资料的备份和同步问题，这些都会在服务器上保存；学习内容的更新也会很快，只要有了新的学习内容，就能马上开始学习。

3. 可重复性

在线学习可以反复学习，因此学生可以根据自己学习的需要，重听或重学部分内容，从而更好地掌握所学内容，从而达到最好的学习效果。对于重难点内容，通过反复重学，反复思考，彻底地理解和掌握；而且也很大程度上避免了在课堂学习中容易出现的“学过就忘的问题”。

4. 个性化学习

在线学习能很好地实现个性化学习，学生可以根据自己的时间安排学习进度，根据自己的需求、知识背景、个人喜好、学习风格来选择学习内容，有效地增强了学习的针对性，从而提高个人的学习效率，大致可提高 30% 以上。这就相当于一对一的教学。

学生们按需学习，可以选择自己需要的内容，有针对性地学习；也可以按效学习，按照自己的学习效果，判断是继续学习巩固已有知识，还是学习新知识；甚至他们可以按兴趣学习，毕竟“兴趣是最好的老师”。这样学习下来效率会很高，通常学生自主选择的内容，学习能动性会比较高，学习效率自然就高了。

5. 丰富的交互性和协作性

在线学习可以方便实现学生之间互相交流和协作，可以及时地把自己的想法和他人进行沟通，讨论问题的时候，大家集思广益，会有更多、更好的解决思路和方案。学生之间的相互帮助与协作会大大开阔大家的视野，拓宽知识结构。

6. 费用低廉

在线学习的学习费用是非常低廉的，大致只相当于现场学习的 30% ~ 50%，而学习效果却相差无几。节省了教师、教室、资料等大量的费用，这就意味着相同的成本可以学习更多的知识。

7. 优质师资高效共享

破除了教育壁垒，实现了教育公平，让更多的学生接触到优质师资，可以得到名师点拨。资深教师同时辅导多个学生，不论是海淀名师、名校学霸老师还是经验丰富的老教师，你几乎都可以在线上获得他们的指导。对于老师来说可以实现桃李满天下的愿望，实现了知识同时传播给更多学生，提升了教学的效率。

结合以上七大优势以及当前在线教育的发展来看，目前在线教育正在蓬勃发展，未来在线教育的网校系统开发带来的改变和创新必将改变教育的意义。

而现在，享受到在线教育的学子，必将快人一步，乘借在线教育的优势这股东风，扶摇直上。

但这一发展趋势，也同样要求我们有更强的自制力，如若不然，即使全世界的顶级名师为你传授知识，你也无法汲取到其中的精华。

第三节　互联网医疗迎增速拐点

2020 年，“互联网 + 医疗”迎来高规格的密集“新政”。至本书完稿前，国家卫生健康委员会、国家医疗保障局连续下发多个文件，直指“互联网＋医疗”“最后一公里”的问题。

在线问诊量大增、健康码“通”全国、行业逆市上涨……互联网全力战“疫”，展现蓬勃前景。

2020年，武汉医保局率先“破冰”，首次将平台型互联网医院——“微医”纳入医保支付。截至本书完稿前，武汉已针对高血压、糖尿病、乙肝、丙肝等10种门诊重症（慢性）疾病需求，每日纳入医保支付的“互联网＋医疗”服务费超1300单，向定点零售药店流传处方超1100单，为数万名武汉患者提供了复诊开药服务。

区域性“破冰”之举的背后，是我国“互联网＋医疗”的出色表现，也是国家加快推动“互联网＋医疗”规范发展的“大蓝图”。

此前，国家卫健委已连续出台多个有关“互联网＋医疗”的文件，充分肯定了互联网医院、互联网诊疗的独特优势，释放出大力发展“互联网＋医疗健康”服务的强烈信号。

目前，江苏、上海、浙江等多地已将互联网医疗服务和诊疗项目纳入医保支付，并快速进行信息系统改造。武汉除了“微医”之外，还有三家公立医院的在线问诊也被纳入医保支付范围。

事实上，关于“互联网＋医疗”更深远的发展已见端倪。在《关于深化医疗保障制度改革的意见》的28条改革意见中，以医保制度改革为突破口，支持“互联网＋医疗”等新服务模式发展的路径已清晰可见。

在线诊疗的火爆，加上政策“春风”，这个春天“互联网＋医疗”风景这边独好。两大“主力军”——市场化的第三方平台和互联网医院，都有亮眼变化。

胃癌术后化疗患者李先生，通过西安交通大学第一附属医院互联网医院平台，与自己的主治医师视频问诊，在医生指导下服药、调整饮食。患者李先生说：“互联网医院真的非常方便，检查结果出来第一时间就能在手机上看到，可以视频问诊让医生看报告，让我们少跑路。”

业内人士指出，义诊服务、付费诊疗、信息咨询、病人管理这四类业务快速增长，但信息咨询和病人管理这两类服务，显示出“互联网＋医疗”在健康管理的前后端，都有巨大潜力。

多位业内人士认为，在线问诊只是一个环节，“互联网＋医疗”需要提供连续的、整体的服务。目前，“互联网＋医疗”在如何实现供应链上的整合等方面仍存在短板。如何与医疗保险、药品供应等有效链接，形成完善的服务链条，是未来的发展方向。

第四节　文娱消费持续火热

现在，娱乐已经成为年轻人日常生活离不开的休闲内容，年轻人可以通过娱乐获得休闲时光的放松和陪伴、结识同好，甚至获得知识。

在文娱消费爆炸式增长的当下，具有全球消费视野的中国年轻消费者们，对于本土娱乐消费内容与体验的要求也在快速提高。

时下的年轻人越来越个性化，他们对于文娱内容的欣赏能力也在持续提高，以前或许还是强调由影音技术升级带来的视听体验，转眼间已经被由渲染剧情的配乐、精致考究的道具、贴合准确的台词、精准还原的布景搭建等各个要素全面细腻配合而成的氛围替代。只有这样，才能达到年轻人“不出戏”的标准，持续颠覆年轻人的感官体验。

文娱产品，声光影配合打造沉浸式体验：不仅强调画质与音效，更需要强调画面、配音、配乐、道具之间的完美配合，打造如临现场的感觉。因此，年轻人如今更关注配音是否尴尬出戏、道具是否考究细腻等细节；各要素完整全面的配合，才能满足今天挑剔、细致的消费者。

乐词景营造细腻情绪氛围，比起过去对所谓精美大制作的关注，年轻消费者今天更强调的是能否将细腻的情绪与氛围真正传递到位，其中包括配乐是否真正贴合剧情、舞美搭建是否精准还原、表演者对于内容的理解深度、演员台词功力如何，等等。

驱动这一趋势的，主要是成长于互联网与娱乐文化消费爆炸的一代，对娱乐的感官消费当然有着更高的追求。

优酷《这！就是街舞》目前总播放量接近4亿次。不同于传统的街景舞台，节目的舞美布景融合了以霓虹、都市科技大厦代表的未来科幻风以及以弄堂和大宅门代表的东方特色街区元素，打造出酷炫的赛博朋克风，为观众呈现集传统感和未来感于一体的视觉体验。

因此，那些细节更经得起推敲、有更启发思想的文化知识、更扎实的内容体系，筹备更充分、认真打磨作品的专业制作班底，以及有不浮躁、愿意扎实投入的实力演员加入等良心元素的娱乐作品，更能受到年轻人的欢迎。

过去几年，越来越多制作精良的国产娱乐内容相继出现，很大程度上提高了消费者对于国产娱乐内容的信心与期待。全球范围内的文化消费内容呈现爆炸式增长，年轻消费者越来越精明成熟，缺乏文化内核的产品已经很难真正吸引到他们。

在今天，年轻人在互联网爆炸带来的多元文化内容中成长，娱乐已成为他们探索自我、拓展认知的重要渠道，他们期待节目中具备足够的内容深度以不断为他们提供新知。

豆瓣评分9.1的网剧《白夜追凶》在优酷上线45天后，累计播放量已超过25亿次。情节的紧凑丰富与演员的扎实演技，成为该剧的最大亮点。剧中缜密烧脑、丝丝入扣的推理，立体鲜明的人物塑造，节奏快且信息量大的剧情推进以及精细生动的摄影构图，都使其成为赶英超美的国产悬疑良心之作。

随着娱乐消费体验的丰富，现在的年轻人已经可以轻易地辨别出哪些是套路与虚假。过去模式化、套路化的虚假人设或桥段已不再受年轻人的欢迎，因此才会引发网络上诸如“人设崩塌”“油腻”等嘲讽与吐槽。

不同于以往设立精致人设的明星，在《我的前半生》中有出色表演的前夫哥雷佳音，因其在综艺和日常生活中表现出真实的特质而受到大家的喜爱。

当前，作为年轻人日常生活的重要内容，他们不仅期待文娱产品有足够的感官享受、良心的内容深度、人设的真实饱满，还期待它能带来意想不到的创造力和惊喜——不仅是传统纯粹的搞笑与搞怪，而要通过娱乐内容中意想不到的即兴发挥、看了过瘾的制作，享受这些天马行空的创造力，为日常生活带来片刻的灵感激发。

如其他消费品类一般，今天的文娱消费也在反映着年轻人日常生活的需求，同时反向影响着他们的自我认同和创造表达。

文娱消费对年轻人的生活意义，已经远不是无意义的消磨时光，而是已经处在了持续的演变与丰富的过程中。我们也从文娱消费中看到了年轻人被激发出的蓬勃的自我表达和创造力，以及快速增强的内容理解与审美等能力。

而年轻人在文娱内容消费上所表现出的挑剔、精明和强悍，对今天的内容生产创作和商业品牌营销而言，既是一种挑战，也是一种激励。

第五节 物流行业逆势增长

2020 年年初，传统物流行业受到严重冲击，原有的供应链和物流体系面临冲击，“新型物流仓库”“无接触配送”等词语的热度骤然增加持续上升，新的运作模式迎来机遇。可以预见的是，未来物流行业必将产生巨大的变革，加快向“智能化”“无人化”方向发展的速度。

新型专用物流仓库主要面向特定物资的管理，实现定向物流仓配。专用物流仓库的价值集中体现在物资定点接收，统一管理与调配，安全可靠且临时仓配效率高等方面，尤其在医疗物资的调度统筹和日常蔬菜供应方面，如湖北武汉的防控捐赠物资联合应急仓库、京东特定救援物资仓库等都属于临时专用物流仓库中的典型。

随着中国物流产业的快速发展以及交通管理能力的快速升级，新型的通用物流仓库管理体系已经逐渐形成并开始投入使用。当前，需求的多维度变化刺激仓储类型向高密度云仓、前置仓、平行仓、冷链仓的仓储类型分化。物流行业对物流仓库自动化、无人化的呼声正在逐渐增大，自动化程度也将成为衡量一个物流企业发展水平的重要指标。作为物流仓储配送体系中关键的环节之一，自动化分拣在其中的作用显得日益重要。自动化、无人化分拣是大势所趋，京东、菜鸟、顺丰等巨头已经基本实现仓库无人化分拣。对于大部分还在采用人工分拣方式的仓库，升级换代使用自动输送分拣设备将是未来防范灾害风险、降低企业成本、提升运行效率的最优路径。

当前，“无接触配送”一词的热度骤然增加并持续上升。“无接触配送”是指用户在下单时，可通过订单备注、电话、APP 内系统消息等方式，与骑手协商商品放置的指定位置；送达后，骑手将通过电话、APP 等渠道通知用户自行取货。

在无接触配送中，智能快递柜的作用颇受关注。有的快递柜生产企业也直接从中受益。此轮智能快递柜除了数量上增加之外，形式上也会发生变化。除了存放普通快递的柜子，冷藏柜、冷冻柜等新形式也会涌现，未来快递柜的方向是一体化，此次需求端的变化或直接促成这一改变。

与无接触配送一样，低速自动驾驶技术开始影响人们的生活。无人配送车的使用将大大降低人工运输的成本，在特殊时期也更加安全让人们放心使用。新闻曾报道，无人配送车续航能力可达到 150 公里，每日可完成蔬菜配送 10 吨以上，可承担十余个村子的蔬菜配送工作。而在地形复杂的河北省白洋淀，京东物流的无人机团队使用无人机为村民送去包含主要生活用品的订单包裹。

未来无接触配送是发展大趋势。我国有望继 2019 年行业规范文件出台后，进行新一轮政策推动。智能物流降本增效，成为当前竞争环境的重中之重，是行业本身的长期趋势。电商的发展，增加了投递需求，无接触式配送对快递行业的影响是长期的，未来线上购买生活用品或成为趋势，快递量增加也会形成对智能快件箱铺设的利好因素。

第六节　活跃的自媒体

自媒体是互联网普及后，普通大众以网络为途径向外发布本身事实和新闻的一种传播方式。现在知名度比较高的自媒体平台有今日头条、博客、微博、微信、百度官方贴吧、论坛、BBS 等网络社区。

在自媒体平台发布内容的网民称为自媒体人。自媒体人多数是靠兴趣爱好，但也有一部分人是专职操作，比如企业的“双微一抖”平台的运营，还有一些人则是自由自媒体人，他们靠在自媒体平台发表文章、视频等来获取收益。

自媒体不同于传统的新闻媒体，自媒体平台以网络为媒介，拥有海量用户，自媒体人发布内容后很快就能获得关注。在这个社交时代，社交媒体帮助每一个用户都能形成“自媒体”，一篇文章、一张图片、一个视频，都可能让其背后的生产者或品牌商瞬间窜红网络，形成难以想象的商业效应。

我们以一些自媒体平台为例。

微信大家都知道。载体是微信手机客户端，海量用户，营销效果非常好。微信的朋友圈，只要有人分享信息，他的好友就可以即时看到。商家如果注册了公众号，发布的文章就能让用户分享，其信息扩散速度将是十分惊人的，甚至可能产生蝴蝶效应。

微博是一款基于用户关注链接关系的信息分享、传播和获取信息的平台。有数据显示，2018年，新浪微博的用户数量超过了3.4亿人，比2017年的用户数增长了17%。截至2018年年底，我国有24.6%的网民都在使用新浪微博。微博庞大的用户基数为商家营销提供了天然的优势。对于商家而言，微博的用户有不少是自己的潜在客户，商家可以去发现并想办法将他们转化为自己的实际客户。而且，商家也可以通过微博向公众述说自己的品牌、经营理念、产品、服务和优惠活动，然后商家可以很方便地了解用户们的反应。

抖音，是一款可以拍摄短视频的社交软件，于2016年9月上线。自上线以来，抖音就火得一蹋糊涂，有数据显示，在2018年，抖音的用户已经超过7亿，其中75.5%的用户是年轻人，又有66%的用户是女性。现在，很多人已经成了不折不扣的抖音“患者”，“我曾经跨过山和大海，也穿过人山人海”“确认过眼神，我遇见对的人”，这些经典的抖音金句也不时在人们耳边回响。有的人，每天不刷上那么几遍抖音，就会觉得生活中缺少了点什么。2018年11月，抖音的日活跃用户量就达到了惊人的2.5亿。

随着互联网的兴起，人们的阅读或观看方式也悄然发生了变化。智能手机精准的终端服务，让人们越来越多地把目光投向了手机应用，正是在这种背景下，自媒体开始有了爆发式的增长。更何况，自媒体通常内容不长，非常适合人们在碎片时间进行阅读、观看，这和现在人们的时间越来越碎片化的趋势是吻合的。

宅经济时代，人们宅在家的时间越来越长，消耗在智能手机上的时间也会越来越多，自媒体势必会更加活跃。由此自媒体便可以成为很多商家利用的阵地。微信、微博、短视频、直播等平台正在成为消费者的聚集地，消费者每天被海量的信息包围着。而这些海量信息则吸引着数以万计用户的眼球，显然社交媒体已经成为消费者信息获取的主要来源。俗话说："有人的地方，就有江湖，就有销量。"所以，潜在用户在哪里，企业的营销活动就会出现在哪里。企业自然不能放过这些多样化优质渠道，可以说谁掌握了更多的营销渠道，谁就能获得更多的用户；谁对渠道的把控力足够强，谁就能够在市场中拥有话语权。

第六章
“宅经济”时代的电商逻辑

“宅经济”时代，电商展现出空前的强劲生命力。向线上转型，向电子商务倾斜，是这个时代必须的逻辑。但“宅经济”的电商，和传统电商，也有着本质的区别。随着消费者特点和需求的变化，我们有必要熟知这些新型的电商逻辑，只有这样，才能在“宅经济”时代真的站稳脚跟。

第一节 生鲜电商的崛起

当宅生活成为常态，宅饮食就成了新的经济风口。

前面我们讲过，宅饮食分为两类，点外卖和自己下厨房。外卖是各餐饮平台的业务，而自己下厨房，最大的受益者就是生鲜电商了。

2020年之前，生鲜电商其实还算不上是电商界的“宠儿”。但是，2020年年初的全民宅家，让所有人都不得不宅在家中，这样一来，饮食问题别无选择，只能在家解决。厨艺爱好者或是不愿意点外卖的宅人们只好自己下厨，而购买下厨的原料，生鲜电商成为重要的渠道。

据QuestMobile数据显示，2020年春节前，中国生鲜电商的整体日活跃用户还不足800万，而到了2020年春节后，这个数值已经突破了1200万，增幅高达60%。其中，京东到家和叮咚买菜的日活增幅更是分别达到了惊人的247.84%和213.5%。

这里，叮咚买菜堪称是生鲜电商界一匹最大的黑马。这个成立仅有两年的生鲜电商企业，主打前置仓生鲜电商模式。为保证产品质量，叮咚买菜采用产地直采的方式，在生鲜直通渠道上建立自己的优势，对生产、采购和分选中心进行全方位品控，有效降低了配送时间，提升了效率。2020 年 2 月，叮咚买菜已跻身生鲜电商界的 TOP3，仅位于盒马鲜生之下，超过每日优鲜。

可以说，宅生活培养了宅人们依赖于生鲜电商的生活习惯。毫无疑问的是，生鲜电商也确实是宅人们宅生活的一个重要帮手。

根据生鲜电商的数据显示，通常消费者在一个生鲜电商平台完成 3 单购买后，就会有非常可观的留存率，因此，生鲜电商很有可能成为电商界里真正的蓝海。

实际上，生鲜电商最早出现于 2005 年前后，只是以前的宅人们更多的是趋向于点外卖和储存“干粮”打发宅生活，加上生鲜电商一直没找到较好的盈利和现金流状态，尽管也受到了一些资本的青睐，但始终饱受争议。据不完全统计，仅 2019 年，就有 20 多家生鲜电商倒在了市场的洪流中。

但 2020 年几乎所有坚持下来的生鲜电商都迎来了爆发式的增长，同时收获了无数的新用户和潜在用户。这个过程让很多之前没有接触过线上购买生鲜的用户尝到甜头，尤其是中老年用户，从而加速生鲜电商的普及。可以预见的是，随着宅生活成为常态，生鲜电商企业将会收获更多的红利。

当然，生鲜电商要想在市场中扎下根来，还有很长的路要走。例如，如何锁定客户的精细化需求，年轻人可能要求的是菜要洗得干净，水果要保持新鲜，而一些老年人可能更看重生鲜的质优价廉。还有就是如何打造中心化归集的客服平台，避免接待不及时导致客户流失或是接待不过来的问题。

再者，供应链和物流能力也是考验生鲜电商的重要环节。生鲜电商是一个低门槛的产业，模式很容易被复制，只有深耕供应链和物流，才能使企业立于长久的不败之地。因为供应链水平的高低决定了企业能否持续地向消费者输出稳定高品质产品，物流能力的强弱决定了消费者的体验感觉，此二者都有利于提升消费者粘性，对于吸引客流有着长期的作用。同时，当前消费者需求端对于产品的丰富度与及时性的需求越来越强，也在倒逼企业加大供应链和物流端的改革。

第二节　直播引领新时尚

以前，人们购买东西要去线下门店。现在，各路直播带货平台齐聚线上，论体验，主播能从全方位为消费者现场演绎产品的各项功能，甚至比消费者自己想要了解的都多；论介绍，主播从点到面将产品的生产、加工、使用等详详细细地介绍给消费者，省去了消费者自己探索的麻烦。宅在家就能做到比逛线下门店更好的效果，如此省心的事，让消费者趋之若鹜，于是，直播大火，风头更是一时无两。

其实直播并不是一个新词，以前电视中也有直播。只不过互联网兴起以后，直播才开始慢慢进驻线上。2016 年前后，直播经济在中国快速发展，仅是 2016 年当年，我国的直播用户就达到了 1.6 亿。不过那时的直播还是一些节目、活动的直播，并没有上升到直播带货的模式。

进入 2019 年，直播带货渐被人们所熟知。互联网技术的发展，让商家能够使用直播技术近距离地进行商品展示、咨询回复、导购等服务，或由商家自己开设直播间，或聘请专门的主播来进行产品推介。

直播带货具有互动性强、低价等特点。在直播电商的直播间中，消费者可以像逛大型卖场一样到处溜达，也可以和商家交流以及讨价还价。另外，直播带货因为没有了传统的中间销售商，因此能做到价格低于市场价。这些方面都是吸引消费者选择直播买货的重要原因。

2019 年“双十一”，直播带货就显现出了强劲的增长势头。据统计，2019 年“双十一”淘宝直播的爆发，让超过 50% 的商家都通过直播获得了销售的新增长。

2020 年年初，人们宅在家里不能出门，但消费的需求一样没少，要买东西怎么办，直播带货无疑让人眼前一亮。2020 年年初，许多店铺线下销售惨淡，却通过线上平台有了一番作为，收获不少订单。我国 2020 年的政府工作报告也指出，电商网购、在线服务等新的商业业态在这次全民抗疫中发挥了重要作用。而且这个势头当前也没有任何减弱的迹象。

2020 年 4 月 1 日，罗永浩在抖音做直播首秀，累计观看人数超过 4800 万人，3 小时的直播带货成为一场线上购物狂欢，销售额创下抖音最高带货纪录，支付交易总额超过 1.1 亿元。

据中国在线直播行业研究报告指出，2020 年中国在线直播行业用户规模有望达到 5.26 亿人，市场规模有望突破 9000 亿元。直播经济发展优势明显。

事实也是，在宅生活越来越被人们所接受时，立足于方便人们生活购物且又有着不输于线下购物体验的直播带货就是一股商业旋风。从需求端看，它能有效刺激消费；从供给端看，它又能优化电商结构，创新销售服务形态；从产业链看，它则能渗透生产端、流通端和供应链，为行业和企业赋能。

直播电商颠覆了传统电商模式，随着越来越多用户的视频化，以及在直播平台的活跃度越来越高，直播也必将成为宅经济中最有分量的一块掘金地。

第三节 网红经济再次升级

宅时代，消费者花在线上的时间比以往任何时候都要多。而互联网，我们都知道那是一个人人平等的平台，在这个平台里，只要有才、有貌，就算是草根也能变成网红，成为人们追逐的对象。

网红由来已久，泛指在网络生活中因为某个事件或某些行为受到网民关注而走红的人，或是输出某些受众面广的内容而走红的人。他们的走红皆是因为在网络作用下被放大的结果。

通常的网红都具有以下一些特点。

一是能聊，颇具才情。像咪蒙那样有个性有主见的犀利语言，尤其能让网友找到共鸣。或者像伟大的安妮 Q 版少女风格 + 温馨故事的漫画，微博粉丝轻松到千万。

二是颜值高，又有特点。在互联网中人长得漂亮就等于成功了一半，当然如果再加上点特长就更好啦。比如 2016 年中国第一网红 Papi 酱，一人分饰多角，表情夸张，不同角度拍出生动有趣的视频，专门吐槽日常生活趣事，很是搞笑。这样的美女，让人看着轻松又舒坦，怎么会少得了粉丝?

三是大胆放肆，背靠大树好乘凉。有一种专门针对网红的孵化公司，可以在化妆、形体、言语、肢体动作、自我营销等方面，给予网红们专业化的培训和包装。助其成名的同时，制定可行性盈利方案，使网红变成生财工具。

网红标签化明显，个性鲜明，又具有独特的人格魅力，因为本身自带流量，就具有强大的流量变现能力。于是就有了网红经济。

2020 年之前，网红经济就热度不减。在宅人群急剧增多的当下，网红经济简直可以用“热得烫手”来形容。尤其是现在直播带货大行其道的时候，如果主播是知名网红，那效果就更加明显了。

例如，带货天王李佳琦，每次直播蜂拥而至的粉丝就能达到数千万人。这么庞大的流量是任何商家都乐于见到的。

李佳琦具有独具一格的直播风格，他的直播看起来总是元气满满，让消费者有持续观看的兴趣。再者，他非常善于把握消费者的心理，能煽动消费者进行冲动性消费。这些特点对直播界来说非常重要，李佳琦就相当于一颗摇钱树。

这就是网红经济的魅力。

网红与电商相遇，改变了传统的电商营销模式，与原来的网红只能“吸睛”相比，现在的网红不仅能“吸睛”，还能“吸金”。“网红＋电商＋直播”的模式，现在已经成为电商的标配。谁要是不顺应这个趋势，谁就不能很好地在电商界打拼下去。

当然，走网红经济的路线也并非一定要请知名网红，商家可以视自己实力而定，如果条件不允许，也可以请一些初级网红或有网红潜力的草根来进行营销，只要组织得力，说不定你也能捧出一个新网红。要知道，移动互联网每天都在产出新的东西，网红也一样。我们要做的，就是牢牢地抓住网红经济这股红利就好了。

第四节 万物皆可网购

对国人来说，网购早已不是新名词。只不过，以前能网购的不过是一些便于运输、储存的货物而已，随着储存科技及物流系统功能的完善，渐渐地，一些需要冷冻保鲜、易破损的货物也能够进行网购。而现在，则已经到了万物皆可网购的时代，恐怕只有你想不到，没有网购不到的，“万物皆可网购”已经成为一大趋势。

据电商平台的数据统计显示，2020 年春节期间，人们网购的货物，除生鲜类产品有大幅增加外，宠物生活、游戏设备和健身训练类的商品，其成交额同比都增长了 200% 以上。甚至就连以前人们认为不太可能以网购形式出现的房子、车子等大型商品都已经网购化了。

2017 年，京东就上线了网上房产业务，和知名房地产商碧桂园展开合作，消费者可以通过京东了解开发商推出的房源信息。2018 年 10 月，京东又上线了二手房业务。

不过彼时类似业务还只是一些对房产的图片、文字描述阶段，离消费者的体验感还有一定差距。直到云技术的兴起，消费者才进一步体验到了现场看房一般的感受。2019 年，京东推出好房京选，已实现了利用 AR/VR、全景漫游等技术让消费者接近实景地获取房产项目信息。

2020 年春节期间，线下卖房不太可能。各大房企便纷纷推出了线上功能，将房产这种特殊的商品搬到了网上，进驻淘宝、京东等电商平台，开启了线上售房之旅。

另外，借助直播技术的完善，各大电商也纷纷开启了“云卖房”业务。原来还是售楼处的工作人员，现在则是直播主播，以手机为媒介，给消费者在线讲房，让更多消费者足不出户就能对房子的房型、环境、特色等有一个全面的了解。

其中，最知名的就是恒大地产，在网上直接开启打折模式，给出全国楼盘 75 折优惠力度，让消费者们大呼过瘾。有一段时间，网络几乎被恒大地产线上售房的新闻霸屏。

汽车也一样。2020年上半年，几乎中国的主流汽车品牌都加入了线上售车的大军，建立在线智能展厅、开辟销售带货渠道，为消费者提供在线订购、试驾、保养等业务。消费者下单以后，经销商辅助办理各种手续及上门送货，用户连大门都不用出。

除了房子、汽车等大型物件，如装修等非实体的销售也一并被带到了线上。消费者完完全全可以坐在家中就完成一切购买行为。

而事实上，经过宅生活的熏陶，消费者也逐渐养成了要买什么，都上网搜一搜的购物习惯，现在发达的物流体系也为强化这些习惯提供了保障。这也从侧面反映出来，线下所有传统行业，都可以转战线上，在宅经济越来越盛行的当下，将线上、线下有机地结合起来，方是持续发展的王道。

第五节 实体零售加速线上转型

在主流人群并不宅的时代，是实体零售最风光的时刻。然而，在互联网催生的便捷购物和宅人群逐渐扩大的双重冲击下，实体零售如果不转型，就越来越显得难以为继了。

近年来，实体门店倒闭的消息不绝于耳，与之相对应的却是电商市场欣欣向荣。和电商相比，实体门店确实有着诸多痛点，如经营成本高昂、客流转化率低、二次交易促成低等。现在有的传统门店实行会员制，通过积分、折扣来吸引客户，但这种模式仍然很难与客户进行良性互动，从而影响了二次交易的促成。

在这种情况下，实体零售转型线上就成为唯一的出路。

例如，2020年年初太平鸟在全国的门店关掉了差不多一半，但太平鸟积极摸索，快速找到了线上的零售路径，通过线上平台、直播平台等方式打通了与顾客的联结。然后其再通过推出微信线上会员专场、微信秒杀、小程序分销等形式，实现了日销售额超过800万元的好成绩。

从太平鸟的新换档，我们可以看到宅经济的一个新趋势，线上线下的融合在加剧，其中线上的优势非常明显。未来线上线下的融合必将进一步深化，快速增长的线上销售，其体现的优势也会被继承下来，成为实体零售扭转过去生意失败的重要手段。

那么，实体零售应该如何转变，怎样转向线上呢？

首先，借助微信和直播的力量。毫无疑问，微信现在是国人们用得最普遍的社交产品，而且它也是很好的一个私域流量的窗口。实体零售可以鼓励导购利用微信争取和顾客线上沟通的最大空间，例如，在添加顾客微信后，在微信里发布打折、秒杀信息，或是种草短视频、社群拉新裂变等，利用微信的社交力量开拓出新的营销方式。

直播是宅经济中最火的一个模式，实体零售也要紧紧抓住这一契机，利用找网红带货、新品线上首发直播等方式打开销路，甚至可以让导购直接化身主播现身直播间直播带货。因为导购本来就有丰富的销售经验，化身主播正好可以一展所长。

其次，可以充分利用小程序。小程序无须下载，又具有完善的商城功能，受到消费者的青睐。每日优鲜、钱大妈等生鲜平台就是通过小程序让销售额实现了爆发式的增长。家纺品牌梦洁“一屋好货”的小程序日均访客更是达到 5 万人以上，商城日均销售额超百万元，新增用户 15 万。因此，实体零售要充分利用小程序的优势，搭建生意通道，将用户沉淀到小程序中，实现智慧零售。

所以，实体零售要应对这个快速发展变化的商业社会，就必须打破固有的商业模式和思维习惯，从线下转向线上并积极创新，才能在这个宅时代找到制胜之道。

第七章
“宅经济”催化出来的新业态

和以往的任何经济不同，“宅经济”以“宅”为中心，需要以消费者在家打造场景，这些特点决定了“宅经济”要有安全、逼真的属性。随着现代科技的发展，我们已经能够很好地满足消费者的这种需求，例如，用柜经济保证货物的安全，用 VR 经济、云经济来展示真实的场景……

第一节　虚拟经济：宅着也能看世界

改革开放以来，中国旅游经济有了飞速发展。以前，提到旅游，另一个词就是旅行，它是和“行”挂钩的，某处有著名景点，那我们就要乘坐不同交通工具前往，置身其中，感受大自然的美好或人工景观的震撼。

以“行”为主的旅游看起来和“宅”丝毫不相关，直到2020年，人们才猛然发现，原来旅游也是可以不用“行”的。

2020年春节期间，全民都宅在家中。有很多人本来已经提前制订了春节的旅行计划，但却不得不中止外出旅行的打算。虽然不能出门，但旅行仍然成为人们迫切的念想。精明的商家瞅准了这一巨大的市场空间，于是新型的虚拟经济“云旅游”诞生了。

据统计，截至2020年3月8日，国内已有超20个城市，1000多家景区开展了线上“云旅游”项目，一些互联网旅行企业，如携程、飞猪、马蜂窝等也纷纷更新相关技术，以带给消费者更好的体验。新浪微博推出的“在家云旅游”话题也一度获得7.3亿次的阅读量，引来23.6万次的讨论量。

为了满足大家对赏樱的期待，2020年3月中旬，武汉大学适时推出“云赏樱”，让人们宅在家中也能看到武大的樱花实景。

云赏樱中，武大的5G无人摄像机不停地在武大樱花大道上巡游，实时采集和传播樱花实景信号，吸引了大量游人宅家观览。

其实大约在2012年，随着云技术的兴起，云旅游的概念就被人们提起，不过因为不如在线旅游的体验感强，未成为主流的旅游经济形式。2020年，云旅游全面爆发，使人们在家也能看世界的设想真正成为现实。

云旅游融合了现代高科技技术的智能化旅游资讯系统，包含导览、导购、导游和导航四个基本功能，再加上多人的直播互动功能，不免给人耳目一新的视听体验。

坦白说，云旅游有优点也有缺点，缺点是游客不能亲自置身于景区之中，不能拍照、随兴游览，但它的经济实惠、全面互动，突破天气、游客的限制，随时在世界各景区间切换的感觉却是实景旅游替代不了的。这次全民宅家期间，便让云旅游的优点全面展现在了人们面前，培养了消费者宅旅游的习惯。而且，随着宅人们的增多，再加上现代人生活节奏加快，外出旅行的时间越来越紧缺，云旅游这一新业态有着相当大的潜力。

同时，云旅游也能为旅游供应商提供更好的营销渠道和服务基础，从游前的行程预览、游中的增强体验到游后的行程回顾，都可以完善为游客服务的各项细节。

云旅游的市场正在培育，但作为一种新兴业态，它也还有很多不完善的地方。这项虚拟经济的参与者必须要懂得以游客为中心，全面用好大数据等技术，找准发展点，让优势更具优势，让短板能够弥补，才能建立起一个更大的市场。

“世界那么大，我想去看看”，以前，我们需要辞职才能实现这一理想，而现在，宅在家中就可以了。

第二节　柜经济：宅经济带来的末端变革

以前，宅人们的生活方式无非是这样一幅图景，宅在家里通过互联网平台购物、点餐，互联网商家接到订单以后，安排快递或送餐人员送货，快递或送餐人员送达后，亲自将货物交到消费者手中。

这种“人—货—人”的配送，相对来说具有一定的中间环节，而且未来人们的消费终端将更加多样化、分散化，如果还是由人来全面配送的话，将使物流人员的工作量变得越来越烦琐。更重要的是，这种由物流人员送货上门的方式大大增加了安全风险。

于是，一种新型的柜经济产生了。所谓柜经济，就是建立一些智能储货柜，物流人员仅需将货物送到指定储货柜地点，将货物放进储货柜中，再通知消费者。消费者收到信息后，去往储货柜地点，利用手机扫码等形式打开智能储货柜，取得货物。由“人—货—人”的配送形式转变为“人—货—网络”的配送形式。

2020 年 1 月 28 日，快递平台菜鸟裹裹推出“非接触取件”服务，鼓励消费者采用隔门交接、物业托管、自提柜寄件等方式，减少人员接触。这项措施推出以后，菜鸟裹裹的用户即呈现出明显的回升态势。

2020 年 2 月，永辉超市正式推出生鲜智能快递柜，业务模型为永辉的工作人员将消费者下单的生鲜货品投入智能快递柜，随后消费者自提，实现全程“无接触”。和传统的自提柜有区别的是，永辉的生鲜智能快递柜设置多个温区，冷冻、保温的都有，全面保证了生鲜产品到达消费者手中的质量。

因此，从某种意义上来讲，柜经济也可理解为无接触经济，因为无接触，安全性大大增加。

柜经济也确实是一种非常有潜力的经济项目，且不说政府在大力推广无接触配送，它在经济生活中，对于尽可能减少人与人之间的物理接触和空间接近就非常重要，再者，它也能适应越来越多样化、分散化的终端配送的需要，同时实现了零服务消费。所谓零服务，就是商品向消费转移的过程中，消费者不再需要商家提供现场的人工增值服务了。再者，智能储货柜集人工智能、物联网和互联网于一身，24小时无人值守，达到了消费者想在什么时候取就在什么时候取的目的，再不用因快递员的电话急匆匆出门了。最后，因为自提柜改变以了前的终端配送模式，解决了物流人员“最后一公里”的痛点，对商家和消费者而言，简直是皆大欢喜的形式。

有如此多的优势，柜经济将具有非常广大的发展前景。事实也确实如此，现在，自提柜、无人售卖机等相应的柜经济形态在全国遍地开花，大大方便了消费者的消费需求，同时也证明了柜经济自有其强劲的生命力。

第三节 VR经济：购房、看车、商超在家购

VR 即虚拟现实技术，为近年来兴起的一种人机交互仿真技术。借助 VR 技术，人们可以通过一些设备远程看到立体的实景图，给人一种身临其境的感觉。建立在 VR 技术之上的经济形态就是 VR 经济。

随着线上消费的加速到来，随之兴起的还有 VR 经济的各种形态。其中尤以 5G+VR 的全景虚拟的购房、购车和商超购物最受关注。

2020 年第一季度，国内新车同比销售额就下降达 42.4%。在此情形下，4S 店和汽车生产厂商都面临着巨大压力。于是，大家纷纷将目光转向了线上，用 VR 技术给消费者带来在线看车、销售直播、视频讲解等全新的观看体验。

卖房也一样，在人们足不出户的情况下，用 VR 增强用户体验感成了开发商争抢客源的必要手段。VR 售楼部成为各大房企的标配。

在通过 VR 展示商品的过程中，商家把用相机环绕 360 度拍摄的一组或多组照片拼接成一个全景平面图，再加上 VR 的虚拟现实技

术，即可创建一种计算机仿真系统，生成一种多源信息融合的交互式三维动态实景和实体行为的系统仿真，让消费者沉浸到商品环境中。简单点说，VR 技术就是可以创建出一个和实景完全一致的虚拟场景，让用户沉浸其中，获得接近线下购物相似的体验，同时增加了便捷的互动、咨询等功能。

消费者利用 VR 呈现的图像，不仅可以实现商品的全景观看，也可以任意调整视角高低远近的变化，还可以留言互动、分享裂变。

首先，VR 经济最大的优势是节省了消费者的出行成本。VR 技术非常适合大型商品或大型商超的销售情形，可以给消费者全景展现商品或卖场全景，消费者则跨越了时空界限，宅在家中就能有一个全面的感知，减少了跑腿的次数，而且和线下消费一样，也能随时和主播互动，咨询房、车、商超情况。

其次，VR 经济具有低成本拓客的优点。以 VR 看房为例，它结合了互联网的技术优势，非常有利于消费者的评论和转发。它可以以大数据为基础进行精准投放，消费者在看到视频后，感兴趣时即可随手转发，提升开发商的获客率，降低开房商的营销成本。

最后，VR 经济可以降低用户决策时间。还是以售房为例，在房企普遍设有 VR 看房的情况下，消费者可以在线筛选高质量的房源，有针对性地咨询房产信息，目标性更强，确定性更高。

我们生存的世界本来就是三维的，但以前的照相和计算机只能为我们呈现一个二维的世界，而 5G 和 VR 技术兴起以后，我们从三维的视角来了解这个世界开始成为现实，这对消费者来说无疑是一个全新的体验。可以预见的是，5G+VR 的线上展示和营销，将会像互联网一样，成为各行业的基础和标配，形成“VR+”的新业态，引爆新经济。

第四节 “云”经济：云上的机遇

进入 2020 年以来，“云”当之无愧是一个火热的汉字。

面对不得不宅在家的窘境，为满足人们常规的生活需求，各种云模式层出不穷。云办公、云教育、云购物……一时间，“云”突然出现在人们生活中的方方面面。

这些“云”，综合起来都是云经济的一种形式。云经济至今没有权威的定义，它是随着云技术兴盛起来的，因此我们可以将一切以云技术为支撑的经济形态都称为云经济。

云技术由来已久。2011 年 5 月 12 日，世界上第一台云服务器售出。自此，中国各大互联网公司即开始了云平台商业化的探索。2012 年，阿里云的云产品和服务第一次整体亮相，从阿里云自主研发的大规模分布式计算系统，到基于其上的云服务器、开放存储、负载均衡、关系型数据库、开放数据等开放服务组成的飞天开放平台，以及云盾、云引擎、云监控、云搜索、云邮箱等一长串名单，标志着阿里云已经完成了面向云计算实际应用的一套产品线。

随着云技术的不断成熟，其应用范围也从原来的客户端/服务器模式变成了现在的公共云、私有云等服务模式。公共云和私有云都是一个虚拟资源池，只不过公共云是可共享的，可自动部署并通过自助服务界面在多个客户端间进行分配。而私有云则基于专用或受用户管理的系统来获取资源。

云经济在很多方面都有应用，不仅教育、办公、医疗，甚至娱乐等，几乎所有行业都可以上云。疫情期间出现的云音乐节、云蹦迪等就是云经济的新模式，并且给宅人们带来了更多的新鲜感。

2020年2月4日，B站联合摩登天空推出“宅草莓不是音乐节”直播项目，让大型音乐会直接上云，这一下点燃了无数音乐迷的热情。数据显示，这一项目在当日就创下了49万用户同时在线的佳绩。

2020年2月16日，北京三里屯的一家酒吧的DJ台亮起了灯光，一场聚集百万网友的“云蹦迪”在刷宝APP直播间准时开启，让网友们体验了一把在线“云蹦迪”的新奇。

和传统经济模式相比，云经济没有空间限制，硬件资源需求低，有着使用配置灵活、成本更低、时间更节约、效率高等优势。例如云教育，丰富的资源可以为学生制订个性化的学习方案，精准匹配学生需求；云办公在协同办公、业务组织、业绩考核等方面发挥了巨大作用，让工作效率更加灵活；云医疗提高了优质医疗资源的利用率，让大城市优质的医疗资源也能为偏远山区的消费者提供服务。

“云”已经渗透到了我们生活的方方面面，而且，云经济也显示出了其强大的生命力。更重要的是，云经济代表了未来的一种经济趋势，也就是说它绝不是短期的风口，而是具备在未来引领经济风暴的潜力，随着云技术的完善和相关用户体验感的增加，必将有越来越多的人喜欢并享受便利到无以复加的各项云服务。

第五节　零工经济：传统职业的终结

宅经济时代，一种新型的人力资源分配形式正在被越来越多的人们所接受，这就是零工经济。

零工经济，为一种短期工作形式，即人们利用自己的业余时间“灵活就业”，利用自己的特长和资源，以帮助别人解决问题，从而获得相应的报酬。从这里可以看出，零工经济几乎就是宅人们理想的工作状态，而且也为成千上万的人带来了工作机会，重新定义了职场人的工作节奏和状态。

零工经济的覆盖范围极其广泛，大家熟知的自由撰稿人、法律咨询顾问、私人教练等都属于零工经济。目前，零工经济每天都在以各种崭新的形式出现在人们的视野中，每天也有越来越多的人加入这支可多元化选择工作、随意支配碎片时间的就业队伍中来。

有的人十分享受在家办公的状态，自由弹性，没有人打扰，工作效率还高。正是这种在家办公的成功体验，坚定了他们转型的决心。而“自由弹性”是吸引很多人加入零工经济队伍的最大诱因。

随着互联网的发展，不少在线岗位被催生出来，人们打零工，其实只需要借助一部手机就可以，只要有时间、有技能或有资源，就能做。据阿里研究院的报告显示，到2036年左右，中国的零工经济从业人员将达到4亿人，到2040年，上班族甚至将会消失。这不是骇人听闻的事，实际上它预告着人们正在成为在家既有收入又能消费的和原非宅人群完全一样的生活模式。

黛安娜·马尔卡希写过一本叫《零工经济》的书，她在书中这样描述道：“零工经济对我们工作方式的影响才刚刚开始。仅一代人之前，大部分人还都希望成为全职员工，做稳定的全职工作，整个职业生涯不跳槽或仅跳一次槽。正值退休的这代人确实如此，他们有一份稳定且持续增长的收入，拿着公司提供的稳定的福利待遇，最后还能享受公司发放的退休金。而今天的人们却很少可以沿着这种预先确定的职业阶梯慢慢向上爬，变化就是如此之快。”

是的，现在的人们珍视的再不是以往的那种全职却被禁锢的工作，他们崇尚自由，再加上零工经济的收入不见得就比全职的收入少，在很多情况下，他们甚至可能赚得更多。

值得注意的是，零工经济不仅受到宅人们的喜欢，用工企业也非常欣赏这种用工方式。自由弹性不仅让劳动者挣脱了传统上班模式的桎梏，而且也成为用工企业降低成本，提升竞争力的有力因素。著名经济学家科斯在“科斯定理”中也指出：“企业的边界在于交易成本、谈判成本和管理成本的相对比值。”互联网的发展使交易成本降低，在此情形下，人们便越来越愿意把企业的边界缩小，以将市场变得更大。

现在，已有越来越多的企业，除了管理层和核心岗位外，都愿意将不太重要的职位外包出去，这样企业就可以将主要的精力放在核心业务上，又能节省用工成本和人事管理成本。

不管怎么说，零工经济已显现出强劲的发展势头，传统全职雇佣模式的时代或许正在面临终结，是挑战还是机遇完全在于我们如何去应对。

第八章
如何才能切入“宅经济”

作为新经济时代的风口，尽早切入“宅经济”是传统企业最好的突破口。如何才能切入“宅经济”？我们需要根据“宅经济”的相关特点来谋划布局，需要根据自己企业的实际来选择规划，唯有做好这些，我们才可能给自己迎来弯道超车的机会。

第一节　如何解决用户痛点

很多年以前，我们去银行存取钱，又填单子又排队，万一有个急事，临下班过去还办不了。在储户们的抱怨声中，银行推出了ATM，24小时可以存取款，既延缓了排队问题，还解了人们的燃眉之急。

生个病，感个冒，有个头疼脑热的小问题，如果你去医院，几翻检查折腾下来，越病越厉害了。随便吃点感冒药吧，又担心会出现什么副作用，直到有了“家庭用药”，生了病才敢安心踏实地在家静养。

从上面的例子可以看出，谁抓住了客户的痛点，谁就抓住了商机。所谓痛点，自然是指比较健壮的需求。而解决了用户的痛点，就等于拥有了财富。

用户痛点，这是当下的商业人都必须探究的一个词。我们生活在这个世界上，不可能任何事都是一帆风顺的，如果你遇到的问题，很多人也曾经遇到过，到目前为止，还没有找到可以解决的方案。恭喜你，找到“痛点”了。

2020年，作为一种新型的经济模式，宅经济在满足了宅人们的需求的同时，也不可避免地暴露出一些发展中的痛点和难点。

例如，2020年春节期间，买菜变成了抢菜，多个生鲜供货平台都需要预约配送名额；生鲜电商的海鲜产品，平台上拍的照片非常好，但送到消费者手中却已经解冻或者不新鲜；云办公、云教育时经常出现的掉线、杂音情况；商场在做直播时，设置的活动流程冗长又烦琐……

不仅如此，如果商家仔细梳理宅人们的需求特点，应该还会发现更多的痛点。毫无疑问的是，谁要是解决了这样那样的痛点，谁就能在宅经济的赛道中领先一步。

2020年3月，TCL以线上的形式一口气发布了电视、洗衣机、冰箱、空调、智能锁等30个新品，而所有新品都是围绕“用户健康+智慧生活”的用户痛点来设计的。

TCL认为，随着人们生活水平的提高和科技的飞速发展，不断刺激着消费者对家居生活二次改善的需求，“让家更舒适、更智能、更健康”便成了家电生产企业急待解决的用户痛点。

因此，TCL的此次推出的家电品牌，都是智能的、非接触式的，这确实满足了很多消费者的需求。据统计，2020年春节期间，TCL电视的开机时长同比2019年春节期间提高了35%。

因此，在宅经济火热的当下，如果想要长远发展，就必须抓住用户的痛点和需求。

首先，企业要了解用户的痛点在哪里，这些痛点是怎么形成的，给用户带来了什么样的影响；等等。宅经济作为一种新经济，用户痛点还有很多，只要仔细发现，就不难捕捉到。

其次，企业要站在用户的角度去思考，看看用户当下最需要解决的问题是什么。这样可以让企业更好地理解用户的痛点，并且知道自己要如何去执行和落地，以及采取什么样的方式更容易解决用户的这些痛点。

再次，企业要从自己的优势和产品的优势出发帮助用户解决痛点，这样会让事情进展得更顺利，也能更早让用户获益。

最后，在产品推出后，要随时跟进用户意见，及时更新和改良自己的产品，做到用户在有新的痛点产生以后，下一阶段的产品能马上弥补这个痛点，这样消费者才会持续认可你的产品，购买你的产品。

你要知道，用户痛点随时都有，它不仅需要我们细心观察，审慎处理每一个细节，还要我们清楚，同样的用户痛点，也许看到的人不止你一个，在解决用户特点的途径上，企业是跑赢还是跑输，主要取决于企业有没有站在用户的角度把用户体验做到最好。如果你的产品能够与用户的心灵对话，那就说明你的产品是抓住了用户的体验和感觉的。

第二节　如何通过分享与共享获客

宅时代，越来越多的人加入了宅人的行列。对于宅经济而言，谁能率先获取这部分宅人群的增量流量，谁就能在宅经济的大潮中占据先机。

在互联网中，有一句令各大企业耳熟能详的话，叫作“得流量者得天下”。同理，任何企业想要玩转宅经济，就必须得先有宅流量。流量对于宅经济相关企业而言，就相当于人流量对于线下门店一样重要。一家线下门店，是开在人流量多的地方更赚钱，还是开在没什么人流的地方更赚钱？答案不言而喻，肯定是人流量越大，门店的生意才会越兴隆，盈利能力才会越强。流量对于互联网企业同样如此。

流量的背后，是一个个鲜活的用户，因此，获取流量的另一个解读就是获取用户、获客。互联网企业中，获取用户的方法有很多，如活动获客、直播获客、付费获客等，这些都是互联网企业的常规获客方式，这里我们不做探讨。我们重点要讲的是一种更有效的获客渠道——通过分享与共享获客。

这是一个高度社会化的时代。在这个社会化的环境中，每个人都是一个节点，他们接收信息，也传播信息。我们都知道商家售卖产品，渠道非常重要。其实，人也是一个渠道。人是信息传播者，也是卖货者。一款产品有了口碑以后，一个人就可以通过他的朋友圈，将产品推送给他的朋友。另外他也会因为这种推送，产生很强的体验感，从而后续再次购买。

数学领域里面有一个六度分割理论，指的是这世界上任何的两个陌生人，最多通过 5 个中间人就可以互相认识。如果一个信息用社交关系来进行链传播的话，一传二，二传四，四传八，这样仅需传播 33 次，就能覆盖 36 亿人口。

由此我们也可以看出人这个渠道有多强大。而要做好人这个渠道，除了产品确实能戳中人的痛点，满足人的需求，有好的体验外，企业还要注重给粉丝带来动力。动力是人传播信息的热情，如果你的产品让用户愿意分享，或者觉得分享出去，不仅自己倍有面儿，朋友也能得到好处，这就是连接。有了这种连接，用户就能免费帮你传播，免费帮你卖货。

因此，要想办法点燃用户分享的热情。

2020 年 2 月 10 日，房地产企业恒大推出自己的线上 APP“恒房通”，这是一则针对用户自购、推荐他人购买、第三方购买、推荐新客户等分销的激励模式。如果用户推荐自己的朋友购买，每成交一单就可以获得不同程度的佣金和奖励。这也是房地产企业向私域流量靠拢的第一次尝试。结果效果还不错，老用户纷纷推荐新用户，“恒房通”上线3天，就售出房屋47540套，总价值约580亿元。

这就是用物质激励的办法点燃人的热情，提升动力的一个办法。连房子都可以用分享来进行售卖，还有什么行业不行的呢？

以上是让用户进行分享来获取新用户的方式，那共享获客呢？

共享获客，就是商户间通过商户联盟，或是跨界合作，互相引流导客，让企业不缺客户。例如，一家有外卖业务的餐饮企业，对于同样有外卖业务的奶茶店，双方不形成一定的竞争关系，但又有着相似的客户群。那么双方就可以共同举办一个活动，比如消费者点一道菜，可以送一杯奶茶，这就相当于共享获客了。

也可以采用帮人成交，自己获客的方式进行。还是以上面的两家店为例，用户在奶茶店订了一杯奶茶后，可以获得餐饮店的一个随机红包。因为是餐饮店的红包，那顾客后续就会选择在你的餐饮店进行消费，这就是帮人成交，自己获客。

再者也可以两个企业共同推出一款产品。例如，故宫本来是一处古文化遗址，但它却不停地和互联网游戏、护肤产品企业进行合作，这样故宫和这些游戏、护肤产品商家就可以实现流量共享，拓宽获客渠道。简单点来说，只要商家之间不存在竞争关系，就可以在商业层面展开合作，达到交换彼此的客户，让买过你的产品的用户也来购买我的产品的目标，实现双赢。

相应的分享、共享获客的方式还有很多，只要商家有心，就一定能创新出更多的获客通路，在宅经济中占到先机。

第三节　如何重构服务链

任何一个商家，除了出售自己有形的商品以外，都还会出售一种无形的商品，那就是服务。

在传统商业中，我们可以看到有很多依靠服务取胜的例子。典型者如“海底捞”。

海底捞“掌门人”张勇刚创业做火锅时，竞争对手个个都比他强。当时的刘一手、德庄、小天鹅等火锅店，要么有新鲜的食材，要么有火锅底料秘方，要么有出众的调料。而张勇手里什么都没有，甚至他本人对火锅都不太懂。

这时，张勇想到了服务。张勇的思维是：“如果不能让顾客吃得好，那海底捞起码应该让顾客心情好吧。”于是，海底捞开张以后，如果有顾客的鞋子脏了，海底捞的工作人员会免费给顾客擦鞋子；如果有顾客因为喝酒胃不舒服了，海底捞的工作人员又会免费给客人熬一锅小米粥……

就凭着这些极致的服务，海底捞逆势崛起，迅速壮大，并且“海底捞”这几个字也成了火锅界的一块金字招牌。

和传统商业相比，宅经济更是一个注重服务的产业。

宅经济的服务大约可以这样来分，一种是不涉及物流配送的产品，如网络游戏，其服务链包括用户使用体验、用户管理等；另一种是涉及物流配送的产品，如生鲜到家、外卖等，其服务链包括用户线上购买体验、配送体验等。

无论哪一种类型，线上商家都是直接面对消费者，没有中间渠道。这样，用户愿不愿意选择你的产品，服务就成了一个决定性的因素。所以在用户使用体验、用户线上购买体验中，服务即销售，服务得好，用户才可能被留存、被拓展，服务一旦缺位，再好的商品也会出现用户的流失。就像马云在2017年的中国（深圳）IT领袖峰会上讲的那样：“未来30年不是肌肉和知识的竞争，而是服务和体验的竞争。”

我们已经知道，现在中国的网民数量几近饱和，谁都不愿意被别的商家切走流量。这时就只有服务好客户，让用户对你产生强信任感，你的商业版图才能持久。

企业对用户的服务，必须是走心的，我们不是只用简单的“您好”“欢迎下次光临”来应对用户，我们需要的是超出用户意料之外的服务态度。当然，每一个用户对商品的期望值都有不同，而我们要做的就是尽量超出大多数人的意料和期望。

商家可以利用现在普遍使用的社交媒体（如微信）来和用户建立起全方位沟通的渠道，这极大地方便了我们和用户换位思考的可能。社交中用户的一言一行都可能透露出其想法和期望，我们只要详加甄别和理解，就能为用户提供满意的服务。如果我们能把服务做到极致，每一个商家都可以获得如海底捞一样的口碑，这不正是我们想要的吗?

而对于配送体验，未来配送员送货上门的形式会逐渐增加，而这便是商家和消费者一次面对面交流的绝好机会，如果能利用好这次机会，消费者就可能成为商家的忠实粉丝。例如，熊猫不走蛋糕，他们的配送员总是身穿一套俏皮的熊猫服装，将蛋糕送上门后，还会为顾客唱歌跳舞，这一新颖的服务方式获取了无数用户的好感，也让熊猫不走蛋糕的业务线迅速扩大，仅一年时间，就获得了 800 万用户的好评。

这个社会中的每一个人，无论宅与不宅，都有被服务的需求。所以，服务即销售，要切入宅经济，在服务链上下功夫是绝不可少的。

第四节　如何重构社群

在新的商业时代，企业需要将自己的客户变成用户，将用户变成粉丝，甚至将粉丝变成朋友的时候，说明这家企业是非常具有生命力的。而实现这一转化链条的有效途径就是社群。

社群，就是基于一个点，把一些兴趣、爱好、习惯、诉求等相同的人聚合在一起的组织。随着互联网的发展，网络社群开始大行其道。像我们熟知的微信、豆瓣、知乎都可以看成是一个社群媒体。

社群的特点，一是闭合性。即具有相同诉求的人才能进来，其他以外的人被阻止在“围墙”之外。基于这种闭合性特点，可以有效保护社群成员的稳定性，增加相互之间的交流与合作；而且有利于增强社群成员之间的信任，并在一定范围内形成信息壁垒。二是自发性。在社群中，每个人自发形成了分工明确的组织团体，因此社群不需要专人运营，社群成员可以凭借简单的规则自行运转。社群本身具有自发性、自生长、自复制能力，因此某些细分主题的社群，将无限裂变成更多主题社群。三是强关系。社群成员之间没有主次、等级之分，每个人都是一个中心，且呈放射状与其他人之间建立关系，形成一种交叉连接。

以前，商家要营销，最大的可能就是投巨资做广告，但客户的忠诚度依然不高，老客户有流失，新客户又无法聚拢。这时，我们就要寻求变化，用社群实现突破了。

因为社群可以通过一些小规模，但质量很高的种子用户来快速为自己积累口碑，并通过 B 端赋能，在 C 端进行裂变。

另外，社群也给一些中小商家提供了机会。因为建立社群并不需要多高的成本，商家要做的就是生产好有影响力的内容，一旦被群内用户认可，就可以引爆市场。在这里，内容是媒体属性，是商家引流的入口，社群是关系属性，是商家沉淀流量的平台，商业是交易属性，是实现流量价值的出口。

小米科技通过构建社群，开展社交营销，实现了“不花一分钱做到 100 万用户”，这便使得很多创业者、企业家为之一振。

以前，社群营销的通行模式是定主题、找成员→定结构、选平台→建群→构建运营机制→推广与传播。宅经济模式下，我们更重视通过互联网获得精准流量。

这里有一个小技巧。商家可以注册一些写文章的账号，比如，选择今日头条、搜狐自媒体、知乎等平台，写一些比较有价值的文章，这样慢慢就会有人加你，而加你的这些人必定都是精准流量。再者，通过一些线上活动来引流，如品牌大促等。

有了流量后，就需要和流量进行互动，产生信任关系，从而为建立社群打好基础。建群以后，你还可以发动老顾客帮你转发新群的二维码，以扩大自己的力量。在社群经济中，有一种很好的氛围，就是大家都不会忌讳竞争对手，而是相互学习、合作共赢。

最后，在社群里输出价值，把群成员变成顾客。在社群内进行广告投放的时候，一定要注重投放技巧，既要保证具有较高的针对性，即要符合群成员调性，又要注重推广目标的实现。很多企业为保证变现效果，往往将广告信息很好地融入社群内容及活动当中。然而，企业无论输出何种形式的内容，有价值的广告内容才更受社群成员青睐，更容易在群成员之间形成润物细无声的品牌传播，能够更好地激起群成员的主动分享和转发，为企业带来更多的流量和变现机会。

在商业链条中，产品和店铺都很容易被复制，但我们与客户的关系却是任何人都没法复制的。社群，便是我们和客户之间的情感纽带，而当情感体验超过客户的功能诉求时，就产生了信任连接，人们自行组织运转且循环扩散，发生群峰效应，互动交流，这便是社群的最大价值。

第五节　如何做好无接触式服务

常规的配送服务方式，员工、外卖员、用户之间，免不了会有诸多接触点。而要保证安全，杜绝病毒的传播，无接触式服务就成为必需的一环。

目前，其实已经有很多企业和商家尝试了无接触式服务，并受到了用户的广泛赞誉。

2020 年 1 月 26 日，餐饮外卖平台美团率先推出了无接触的配送服务，并迅速覆盖到全国。用户在下单时，可以通过备注、电话或在APP 里发消息的形式与骑手协商，让骑手将外卖放在指定的位置，外卖送达后，骑手以电话形式通知用户自行取货，减少了双方的接触。

无接触式服务不仅彰显了商家人性化的服务，甚至还起到了拓宽销售渠道的作用。

例如，北京一个加油站就推出了“安心买菜”的业务，前来加油的车主，可以购买一份蔬菜大礼包，包中蔬菜品种齐全，可满足一个三口之家3天左右的需求，很受车主们的欢迎。

可以预见的是，未来人们对安全的需求同样强烈，“无接触式服务”也肯定会成为消费者最喜欢的一种公共服务方式。

无接触服务，其实并不仅是指无接触配送，还包括无接触式测体温、无接触收银结账、无接触取票换卡、无接触来访登记、无接触买货取货等，宅经济产业中，大部分原来需要和顾客有所接触的点，现在都可以从无接触式服务上去考虑。其中，智能设备将会是一个广受欢迎的途径。

现在很多酒店、景区都已经实现了无接触式服务。例如，在酒店大堂，安装有自助入住终端设备，入住和退房的用户通过自助入住终端设备就可办理，全程不到两分钟，比人工办理还快捷。

有的景区，游客买票后无须纸质票，通过人脸识别即可通过景区闸机，通过时同步测体温。有体验过的用户表示，这种无接触式服务，让旅游体验的质量变得更高更安全了。

由此亦可看出，无接触自助模式将成为未来无接触式服务的大趋势，这种模式并不是说要完全淘汰人工服务，而是随着社会的发展和人们生活水平的提高而变化的。这里，有些人工服务是自助服务不能替代的，如和客户的沟通。将自助服务和人工服务做好分工，有效地结合起来，才能带给用户最好的体验和感受。

第六节　如何打通线上销售渠道

随着互联网应用日新月异的发展，“人机交互”已经开始转向“人人交互”，虚拟世界和现实世界也有了深度融合。于是，线上营销成了企业主流的营销方式。

以美容院为例，以前新开一家美容院，商家在街上发传单，再做体验活动就能吸引很多人。而现在，如果商家还是采用在街上发传单的方式，恐怕很多人都会绕着你走。所以，在现在的商业环境中，人们关注的重心已经从线下转移到了线上，企业再不能采用以前那种老套的营销方式了，而应该对线上营销发力。

但是，线上营销应该如何做才能取得更好的效果，却不是一个简单的问题。

其实线上营销的方式有很多，自媒体广告就是一例。在移动互联网时代，自媒体越来越受到人们的关注。在自媒体上发布的广告，就是自媒体广告。

自媒体广告的成本很低，商家也能和用户进行有效的互动，还能有针对性地传播，为自己的网站或平台引流，有着比传统媒体更大的优势。现在，几乎每个企业都拥有自己的自媒体平台。但怎么做好自媒体平台，可能有的企业并不了解。

企业做自媒体广告时，首先应该考虑的是数据和营销逻辑。也就是说，要做好数据分析，只有把自媒体广告建立在一定的数据上，才能找到突破口。这个数据分析一般分两步走，第一步描述目标群体，如目标群体是 20 ~ 25 岁的喜欢上网购物的年轻女性；第二步描述该目标群体的网络活动轨迹，如搜集她们通常在什么时间、什么地点上网，上哪类型的网站，上网浏览什么样的内容等数据。

其次应该考虑广告方案。做好数据分析以后，企业应该设计一个巧妙的自媒体广告方案，如找到与用户有共鸣的点，采用用户喜闻乐见的内容等。自媒体广告的表现形式有图文、视频、手绘等，企业要不断创作积累优化这些内容，来成就形式的多元化。另外一个需要特别注意的地方，那就是自媒体广告必须要追求差异化，要追求符合自己产品的文化个性，这样才能让自己的广告在众多的自媒体广告中脱颖而出。

再次是自媒体的布局。现在网络上的自媒体平台有很多，然而运营好每一个账号都需要花很多心思，因此企业要避免在多个自媒体平台上投放广告。最好是选择一两个自媒体平台，集中精力将其做好，不要求多，而要求精。

另外是选择自媒体平台，这是很重要的一点。选择自媒体平台时首先要区分行业类型。例如，时尚、美食、家居、旅行产品，适合于用精美的图片来展示，就适合投放在图片社交平台，而日用消费品则适合投放在面向大众的自媒体上。其次是要分业务模式类型。例如，做 B2C 和 B2B 的企业，就应该选择不同的自媒体平台。

最后是投放自媒体广告也要做好售后服务。自媒体上的营销，其实用户更在乎的是售后服务，企业应该全程抓住客户的心理，用心服务好用户，这样才能收获更多的回头客。

视频营销也是线上营销的一种方式。视频营销的主要功能是通过病毒式的传播来让用户记住你的品牌。现在很多企业入驻了抖音平台，为的就是利用小视频吸引用户。

企业做视频营销，画面要逼真，使用户形成切身体验。画面有真实感，才能给用户造成心灵上的逼真感，才能加强用户对企业的好感度，加深印象，让用户下载并使用。通常，用户在视频中想看到的是实用性的东西。所以，企业在进行视频推广时，务必要增强画面逼真感。另外，视频中可以加入二维码，提示用户扫码即可下载等。这样用户在观看视频广告之后可以快速拿起手机扫码下载并安装，实现企业 APP 的转化率。

还有微博营销，主要是借助微博产生互动增加用户黏性。随着移动互联网的不断发展，用户搜索信息的渠道越来越广，而微博作为最大的社交平台，一对多的互动沟通，其信息传播速度是非常惊人的。

在做微博营销时，如果企业不能及时发送一些粉丝感兴趣的微博，不能与粉丝产生定期互动，那么你的粉丝将会成为僵尸粉，瞬间就会崩塌。最好的方式是，企业与粉丝产生互动，让粉丝活跃起来，增强微博人气。如果企业没有自己独立的品牌，或者品牌知名度不高，那么在微博推广时，还应该灵活多变，借助明星、草根达人、热门大V的微博来有力地推广自己的产品。

其他还有软文营销、APP营销等一系列线上营销方式，这里就不一一举例了。总的来说，线上营销种类繁多，企业一定要根据自己的产品特色，找好目标受众，选择合适的线上营销方式，这样才能取得更好的效果。

第七节　如何设计宅经济商业模式

很多人把商业模式看成一个比较高深的词语，叫人摸不着边际。这里面也包括很多企业家或创业者，有的人已经创业有一段时间了，但仍对商业模式的打造摸不着头脑。其实，商业模式的开发对于企业来说是很重要的。

曾有一份调查资料显示，中国的创业企业之所以失败，有 23% 是因为战略问题，有 28% 是因为资金问题，有高达 49% 的则是因为没有找到持续的可盈利的商业模式。从中我们也可以看出商业模式的重要性。

商业模式是一种包含了一系列要素及其关系的概念性工具，用以阐明企业的商业逻辑。它包含了很多要素，如企业的价值主张、目标消费者群体、分销渠道、客户关系、价值配置、成本结构、收入模型，等等。简单点来说，商业模式就是一个企业如何做才能满足消费者的需求，并能让自己盈利的体系。

现代企业，商业模式的立足点一定要建立在为用户解决痛点，为用户创造价值的基础上。宅经济就是这一立足点的体现。

在全民趋向于宅生活的背景下，各种与“宅相关”的文化活动兴起，“宅经济”相关的商业模式被加速催化成熟。例如，社交电商、社交视频、直播带货、在线教育、远程办公等都是宅生活时期衍生出来的热门商业模式。

当然，不同的企业根据自己情况的不同会建立不同的商业模式，社交电商、社交视频、直播带货等是一个大的方面，细节的东西必须要立足本身，不要去完全照搬那些所谓的成功商业模式。同样的商业模式，在别的企业也许取得了成功，但要拿来己用则很可能会让自己失败。因为每个企业的发展路径、优劣势、企业需求都不相同，所打造出来的方案也必定会有差别。这也是企业界所说的“一千个企业，就有一千种商业模式”的原因。

但是，商业模式的内在逻辑有三点非常重要，即客户价值主张、企业资源和生产过程、盈利公式。

客户价值主张就是指企业的产品能够解决用户的问题，能够为用户带来价值；企业资源和生产过程指的是企业有支持实现客户价值主张的生产和经营过程；盈利公式是指企业有一套清晰的盈利模式，如是不是像 360 那样先免费，在积累用户以后，再收费，还是像共享单车那样靠收取用户的使用费及提供周边服务来盈利。

一旦商业模式确定，企业和商家应该将它诉诸文字，认真反思检查，提出并思考，一旦有不合适的地方就要修改或放弃。完善的商业模式应该形成一个没有断点的闭环，例如为用户创造价值—不断获得收入—通过收入创造更多更好的产品—为用户提供更高的价值，只有这样，一个商业模式才具有生命力。

当然，商业模式的创立不是一蹴而就的，需要企业和商家多方尝试。也许在建立的路上会经历很多挫折和失败，但不要气馁，只要用心去做，就一定能为自己找到好的商业模式。

第九章 困境下的门店如何转战“宅经济”

“宅时代”的到来，让很多原来依靠线下客流生存的门店遭遇空前的危机。人流量锐减，商品积压，店面成本高昂，如果不转战“宅经济”，这些问题只会愈加严重。因此，我们必须要用新的思维，新的眼光，积极向“宅经济”靠拢。

第一节　用最快的速度经营线上

买蔬菜、日用品、家具家电用手机下单，叫餐点外卖，娱乐在客厅……进入2020年以来，大多数人开始“宅”在家里，给线下门店的经营造成不小的冲击，众多商家也开始抢占线上市场。

从供需角度看，一方面，宅文化逐步盛行，“宅”消费成为新时代的主力消费模式；另一方面，相关企业在技术积累、平台商业模式也逐步成熟，为用户提供了更好的体验和服务。尤其是移动互联网盛行以后，用户数量更呈现出爆发式的增长，线上便成为商家不得不占领的一个高地。

从成本上看，宅经济成本低、效率高，因此成为整个经济下行环境中的“新宠”。有统计显示，至2018年12月，我国的网购用户已经达到了6.1亿人，平均下来每个家庭就有1.3个人使用网络端购物，网络零售的市场规模达到9.01万亿元。2019年上半年，我国网络零售的总额达到 3.86 万亿元，相比 2018 年同期增加 17.8%。2019 年上半年，我国居民消费整体增长 1.2 万亿元，其中约 45.9% 的新增消费都来自电商。

因此，所有在线下经营困难的商家都应该有一个共识，以最快的速度经营线上，打通线上的销售通路，才能换来一线生机。放弃线上，就等于放弃了大部分市场。

2020 年春节，武汉的一家珠宝店果断决定将全部业务转移到线上，所有门店员工采取在线上工作的方式。这个转型只用了三天。在公司主管的带动下，一部分人专门做销售，负责跟客人互动，一部分人拍产品照片，一部分人整理产品，一部分人打包快递。

当时，门店中有些做了很久的老员工，他们对客人非常了解，在这个阶段客人有什么需求，想要买什么样的产品，他们都胸中有数，选择的推荐产品也很符合客人的心意。

几天下来，店内的生意热火朝天，结果很快，门店业绩就反超了 2019 年同期。甚至是价值十几万元的克拉钻，有客户看了也会直接说“给我寄过来吧”。

可见，对于困境中的线下门店而言，谁能最快速度抢占线上，谁就有机会率先冲破困局，迎来春天。

1. 做直播，利用直播商城获取客户

以前，线下门店的获客渠道都是通过线下进行，但宅的趋势使线下客流量大幅减少，那么线下获客就难以为继。进入 2020 年以后，网络直播 APP 大火，各个商家都应重视这一趋势，开发自己的直播渠道。其实，现在各直播平台的功能和系统都已经很完善了，足够满足线下门店的各种需求。

2. 做内容，通过内容运营获取客户

宅人群快速增长，商家便可以建立一个基于用户需求和资料精准管理的内容营销中心，这个内容营销中心不但可以在微信、小程序、微博等平台发布优质的内容，还能在精准的时间将相应的内容推送给有精准需求的用户，实现吸引访客和留下访客的目的。

3. 线上商城开发

宅时代，人们大部分时间宅在家里，上网时间显著增加，可见的是各商城 APP 的订单都在暴增。所以企业应该抓住这种机会，早日开发自己的线上商城，打开线上销售渠道。现在很多互联网平台都有商城模块，如微信的微商城、淘宝店铺，商家应该根据自己的特点选择合适的平台进行组建。

通常，小程序、线上商城、微信朋友圈、抖音都是线下门店向线上转型的最好工具。线下门店首先就要利用好这些工具，建立起和顾客的长连接、强关系。

如果商家有幸发现自己的用户都在微信和抖音上，那就要么抓微信营销，要么抓短视频营销，当然，最好还是二者结合。当然，微信营销和短视频营销都有很多技巧，线下商家必须要不断学习新的创意。例如，让员工尝试学习一些微信营销、短视频营销的技巧，说不定还能将自己打造成网红店铺，引来万千关注。

如果是将顾客导入微信，商家可以自建微信群。例如，按用户性质，将微信群分为已购用户群、会员群、潜在用户引流群等，并做好微信群的管理工作，制订好群规。

在微信群的运营中，要注意先让社群产生价值。例如，让群成员觉得在这个群里可以学到东西，结交到人脉，或者是领到商家的优惠券等。要知道，社群的良性运转是通过价值驱动的，社群有了价值，用户也就更愿意留存在群里，并对商家产生信任感。

对于已购用户群，可以引导用户分享购买体验和商品使用方法，形成复购。会员群除了分享已购用户的内容外，也要鼓励会员进行分享。潜在用户群中，则可以设置一些活动来增加群的活跃度，吸引用户到线下实际场景中进行体验，即形成线上线下互相引流的循环，以此形成用户裂变的效果。

对于线下门店而言，转型线上不是照搬线下的经验，有很多方式和手段都需要线下门店精心学习得来。但不管怎样，这个学习，或者说这个思路的转变是必需的。找对方法，顺势而为，才可能迎来弯道超车的机会。

第二节　直播营销，做行业的带货王

现在，电商直播红极一时，很多“网红”都争着当“带货王”，这也为很多处于困境中的线下门店提供了一个很好的转型机会。

直播是主播通过一些电子设备在互联网的直播平台直播自己要表达的内容，同时观众也可以通过文字与主播交流、沟通的一种互联网新型媒介。2016 年，直播作为互联网的一种新型媒介异军突起，各大直播平台也如雨后春笋般急剧发展。

因为有直播，商家便可以将自己的产品直观地展示给观众，如果是网红，那更可以发挥出“明星效应”，这便是直播营销。

有数据显示，我国在 2017 年时，直播营销的市场规模就达到了 369.6 亿元，用户规模达到了 3.92 亿人。2020 年，直播营销的总规模甚至可能会达到千亿量级。

直播营销之所以这么受欢迎，一方面，是现在的消费者已经对单纯的图文信息感到了厌倦，相对而言，他们变得更愿意把空余时间花费在那些“视频”上，现在的90后、00后尤其如此。另一方面，做直播营销的商家也可以通过直播将商品直观地展示给消费者，打破了以前互联网上商品只是货物虚拟的状态，大大降低了消费者因为买错商品而退货的可能，这就给消费者营造了一种购买“实体”商品的场景。

再者，所有的直播营销中都附带有社交的功能，主播可以和粉丝进行无障碍地沟通，消费者有疑问可以即时提，主播也可以即时解答，大大提高了用户的购买体验。当然了，如果是一些网红参与直播，由于网红自带影响力和大量追捧的粉丝，那营销效果又将上升一个层次。

这里，我们可以看一个超级带货王的案例。

2019年，可能在电商直播领域最“红”的人就是被人们号称“口红一哥”的李佳琦。而他的一句“oh my god，买它买它”则成为2019年抖音里最“红”的一句话。

李佳琦带货能力有多强？他曾创下了1分钟卖掉14000支口红的纪录。如今，李佳琦仅在抖音上的粉丝数量就已经超过3000万，获赞数达到1.8亿。

在这里，我们不是说线下商家要请来李佳琦这样的网红做主播带货，我们只是可以直观地看到直播带货的威力。对于线下门店而言，如果有实力，可以请网红主播；如果没有实力，也可以自己培养有潜力的员工做主播。无论怎样，直播都是线下门店绝不可错过的一个风口。

在做直播带货时，有几个技巧需要线下门店特别注意。

1. 选对人设，引发情感共鸣

工欲善其事，必先利其器。如果你想通过直播长线吸粉，首先就需要进行自己人设的设定，只有与消费者达到共鸣，才能引来源源不断的流量。例如，卖护肤品的商家，可以将主播的人设定为广大消费者的“闺蜜”。

这样，在直播的时候，将“闺蜜”这个词作为描述直播间里自己与粉丝之间的关系，然后一起讨论买什么东西。这就建立起了一种情感交流，引发用户的情感共鸣，更好地建立起信任关系。

2. 凸显自己的专业技能

不论是做服装、美妆还是其他领域的商家，向受众推荐产品，不要凭借个人喜好来决定，而是要凭借扎实、专业的底子来决定。要知道，在某方面掌握专业、扎实的知识和判断能力，在受众面前推荐产品才能更有说服力，否则自己对产品一知半解，对产品的判断都模棱两可，受众又岂能对你推荐的产品放心购买？

3. 对产品进行客观评价

直播，对广大受众来讲，犹如与主播面对面交流。只有给受众足够的真诚感，才能让受众从内心信服于你。

4. 针对用户特点进行理性推荐

消费者钱包承受能力的大小，决定他们购买产品价格的高低。因此，在向受众推荐产品的时候，对于那些大众化的普通粉丝群体来讲，过于高端、大牌的产品，并不能为你带来很好的转化。

总之，对处于困境中的线下门店而言，直播可以说是一个很好的吸粉和变现途径。只有抓住眼前的机遇，掌握灵活的吸粉、变现技巧，你才可以成为一个优秀的“带货王”。

第三节　社群营销，在线盘活老客户

互联网已经完全改变了以往品牌与消费者沟通的传播方式，现在的消费者进行消费判断已经越来越不依靠于单一的媒体和渠道，反而是身边的那些互联网社交平台，如微信、微博等对其影响至深。

从这里可以看出，社群营销在这个移动互联网时代的强大生命力。社群是一个小而美的个性化圈子，具有互动性强、情感营销、口碑传播的特点。处于困境中的线下门店，利用社群营销可以更好地解决产品销售的问题。门店通过微信、QQ 群等各种各样的社群来售卖产品，并对用户提供相应的服务。

因为现在在很多社交平台上组建社群，并不需要支付相应费用，因此在宅生活时代，社群营销就成了最低成本的用户营销互动方式。

线下门店可以为老用户、意向用户建立专门的服务社群，并由专人来负责群内的运营和日常维护，确保社群有足够的活跃度。

老客户是线下门店非常重要的种子用户群，老客户对门店具有忠诚度，如果维护得好，他就可能成为你终生的客户，并且非常愿意为你做转介绍，就像有句俗语说的“开发十个新客户，不如去维护一个老客户”。

1. 增加与老客户的黏性，将老客户变成粉丝

我们做社群营销，建立的社群首先要在客户最常使用的平台上搭建。例如，老客户都喜欢用微信，那我们就建微信群。那么如何寻找群成员呢?

一些老客户可能本来就存在于门店的联系人中，这时可以将他们及时拉入社群中，进群要有欢迎语，要发红包，让老客户感受到你满满的诚意。另外，商家也可以设置一些好评有礼、首绑有礼等，让客户关注你的公众号，进而实现老客户社群引流。

2. 让老客户觉得给自己的优惠是专属的

活动是社群维护的主线。好的活动可以吸引客户的广泛参与，相当于提高了流量，同时在活动过程中，再增加一些促销活动，也可以大大提升商家的转化率，复购率也是一样。不过，针对老客户，我

们可以设置一些更优惠的促销方式，让他们实实在在地感受到自己的价值。

圣元奶粉曾经做了一个买六送一的活动，即买六罐奶粉送一罐奶粉。但这个活动不是人人都能享受的，有个前提条件，就是需要把之前用过的空奶粉罐拿回来。这样就把活动受益者间接地变为了老客户，就很好地增加了老客户对品牌的认知和好感。

3. 以老带新

线下门店可以设置一些活动，给老客户一定的优惠，使其愿意主动为你的产品做介绍。通常而言，老客户由于对门店、产品熟悉，介绍的用户都非常精准、信任度高，也很容易培养忠诚度。例如，商家可以给老客户返红包，新用户下单也可以获得优惠券，同时让新老客户都能获利。这样老客户才愿意帮你传播，新客户也会乐意下单。

4. 老客户社群的维护

任何社群都离不开维护。做好了客户关系管理，用户相信你，知道你在真心关心他、懂他，而不是一个冷血的机器，就代表他们在你的社群里很舒服，不但不会轻易跑掉，而且会经常购买你的产品，甚至主动帮助你——为你分享、转发你的各种信息。

其一，商家要有合适的话术。社群要活跃，社群的管理者有没有合适的话术是个很重要的标准。例如，产生内容的话术，群管理者对于发布的内容要精准，同时要能增加成员的融入感和社群的互动率。

其二，要活用社群福利。现在很多社交平台都会有一些游戏、活动功能，群管理者可以很好地利用这些社群福利，如红包、奖品、团购、优惠券等，这些福利就好像人们餐前的开胃小菜，是活跃气氛的很好方式。

其三，策划活动。无论是增加互动率，还是增加活跃度，活动都是一个不错的选择，商家可以利用抽奖、转发行业大号的观点或者软文、抛出相对争议的话题、私聊、精彩内容、投票，分享资料等来增加活跃度。建议定期举行热点话题的讨论，有奖转发等。

总之，社群越活跃，社群营销的效果就会越好。对此，任何商家都不应等闲视之，只有多个维度结合，保障了社群的活跃度，我们才能与老客户之间产生更紧密的联系，并带来更高的转化率和拉新率。

第四节　策划“社交+门店”的营销裂变

在移动互联网时代，消费者更喜欢那些个性化、小而美的产品，商品被最大化地细分，这时传统营销也就失去了优势，基于有共同需求的人群的社交营销逐渐开始取代传统营销，成为商家的共同选择。

2020年春节期间，门店客流量锐减，但消费者的社交需求却在进一步上升。在这种情况下，线下门店就要注重在社交场景中去融入业务，以社交营销的方式走出销售困境。当然，这是需要专门策划和设计的，能不能做好“社交+门店”的营销裂变是其中的关键。

1. 培养种子客户

种子客户是店铺的首批客户。商家想要实现营销裂变，种子客户至关重要。只有让种子客户体验到店铺的优势，形成口碑，门店及产品才有传播的可能。

但种子客户的培养也有条件。商家要尤其重视这批客户的质量和数量，这往往是营销裂变能否成功的关键所在。客户数量的获取有线上裂变和线下裂变两种方式。

线上裂变可以在社交平台对客户采取奖励的方式进行，以此吸引客户，并刺激已有客户为你拉取新客户。常用的奖励方式包括送代金券、返利、送商品等方式，如生鲜电商送菜品。

在数学领域里有一个六度分割理论，指的是这世界上任何的两个陌生人，最多通过5个中间人就可以互相认识。如果一个信息用社交关系来进行链传播的话，一传二，二传四，四传八，这样仅需传播33

次，就能覆盖36亿人口。

由此我们也可以看出人这个渠道有多强大。而要做好人这个渠道，商家就要注重给粉丝带来动力。动力是人传播信息的热情，如果你的产品让客户愿意分享，或者觉得分享出去，不仅自己倍有面儿，朋友也能得到好处，这就是连接。有了这种连接，客户就能变成代理，免费帮你卖货。

而线下裂变，虽然现在门店的客流量有所下降，但商家要知道的是，能在线下到店的客户都是十足的精准客户，对于这些客户，一定要想办法将他们留住。可以想办法让到店的客户都加上门店人员的微信号，为接下来的活动做准备。现在人们常说私域流量，而私域流量最好的载体就是微信个人号。因此商家一定要注重自己及员工微信个人号的运营，要时常和用户互动，建立感情，建立信任基础。商家和员工可以在微信号中发起各种话题聊天，或是红包激励，这样客户就会跟门店有积极的交流互动。

2. 发起营销裂变

客户是可以裂变的。一般而言，那些能以低成本、高效率、指数级增长来获取客户的方式也都叫裂变。对商家而言，裂变不仅是一种工具，更是一种新型营销方法。

营销裂变，首先是宣传。商家一方面可以借助社交平台发布裂变海报；另一方面可以借助种子客户进行转发分享，这是营销裂变的第一步。

一个好的裂变海报在颜色、排版、标题、文案的设计上都要下功夫。例如，标题有痛点型标题、求快型标题等。在拟痛点型标题时，我们要深入分析，找到客户需求的痛点，并在这些痛点中找到客户最痛的那个点来做标题。

“有书共读”曾做过一篇海报，标题为“你有多久没读完一本书了？”这个标题就找到了人们的痛点，并成功运用恐惧心理，让读者一看到标题就会反思自己有多久没有好好看书，从而让客户产生阅读、分享欲。

求快型标题是直接告诉客户他们要怎样达成自己想要的结果，如“10招写出让用户疯狂转发的文案”“7步做到用户80%的复购率”，这种标题中，利用一些数字来量化会达到更好的效果。

其次是策略。商家的裂变海报是告诉用户有这么回事，但要真正吸引用户还需要一些策略。例如，活动中设置的到店有礼、折扣优惠等都需要百分之百地执行到位。

最后是启动时间。商家要根据自己主体客户的时间来执行，最好选择大家都比较空闲的时间。例如，餐馆要做营销裂变，晚上就是最好的启动时间。

第五节 构建极致互动体验

有很多门店将销售渠道从线下搬到线上以后，在运营中却渐渐出了问题，主要原因就在于运营者不会互动了，没有互动，气氛就没了，进而导致线上用户大量流失，原先辛苦引流来的消费者一个个全跑没影了，更别提转化了。

互动是线上运营的关键。我们以社群营销为例，介绍构建极致互动体验的一些大原则。

1. 了解社群参数

如果线下商家采用了社群营销的方式，那运营者首先要了解你组建的社群的各个参数。例如，你的社群有多少人，他们的画像是什么，社群又是什么性质，群成员进退群的时间数据等。这些信息都可以通过各社交平台的群管理工具或在群内调查实现。

毕竟每个行业的群不一样，群用户的喜好也不一样，我们就必须要根据这些群数据去找到群用户喜欢的话题，策划合适的活动，才能带动你和群成员间的互动。

2. 发起话题，挑起互动

运营者需要有发起话题，挑起互动的能力。从话题上来说，运营者觉得美的东西都可以拿来分享，记住必须是美的东西。其实所有人都是视觉动物，对美的东西他们自然会产生兴趣。

运营者不要总是把注意力放在产品销售上，要思考群成员的年龄阶层、生活状态、工作情况，他们是一群什么样的人，然后针对这些特征去做有话题的互动。

举个例子，一个做母婴商品的人组建了一个社群，群成员大多是宝妈，那么他就可以抛出一些全职带孩子、宝妈的梦想，或者说在带孩子的过程中会遇到什么问题、怎么解决这样的话题。因为这些话题都是群成员较为关心的，互动效果就会很明显。

3. 策划活动，做好互动

策划一些好的活动是让一个社群良性互动比较好的方式。不过，策划活动前我们一定要做好定位和构思，了解用户属性。例如，面向哪些人群，设置什么奖品、优惠券等。

在活动前，还可以进行全方位的预热推广。对于有线下店铺的商家来说，还可以利用更多的资源，如在店铺显眼处印上活动信息，店铺工作人员也可以对顾客进行推广。

社群互动活动的方式有很多，猜谜类的有疯狂猜图、猜电影、猜歌名等；中奖类有刮刮卡、大转盘等；答题类有选择题、问卷调查等。无论哪种方式，都要让用户采用选择的方式来参与，用户只需要输入简单的数字或字母即可参加，以此提升活动的灵活性。

活动结束后，商家要做好活动数据统计，记录好活动参与人数、成员活跃情况、中奖信息等，为下一次发起活动做好准备。

做到了以上几点，社群的互动性基本就能充分带动起来。而有了互动，社群才不会让群成员感觉死气沉沉，甚至会让你的社群越传越广，吸引更多的用户加入到社群中来。

第六节　服务延伸，送货到家

在目前的商业环境中，线下门店除了要面临线下同行的竞争，还要面临残酷的线上竞争。在线下经营越来越困难、四面楚歌的情况下，要想争取更多的用户，线下门店就必须要打出自己的竞争优势。

而竞争优势，除了取决于店铺产品的品质以外，剩下的就是服务了。线下门店通过加强服务来增加自己的附加价值，就可以此构建与其他同行门店的差异化特点。

对于传统门店而言，原有的产品和服务满足的仅是到店的顾客，并没有考虑离店的场景。而在宅经济时代，很多顾客都宅在家里，这就迫使线下门店必须重新思考服务延伸的问题。在我们将业务从线下搬到线上的情况下，很多用户选择在线上下单，下完单以后，用户还希望能有专门的服务人员将货物送到家中，送到自己手中。

于是，拓宽服务边界，送货到家就成了线下门店必须要做到的服务内容。门店要根据自己的情况，梳理“送货到家”的服务产品，可选择那些简单易上手，周期性使用的产品，确保线下门店的服务能延伸到居家的生活中，如果没有，就要考虑建立和选择这方面的供应渠道。

有的已经开始做送货到家的门店，主要做的仍是周边 3 公里之内的服务，这让门店难以实现远距离交付，难以吸引 3 公里以外的用户。另外，有的顾客搬家之后，就不在店铺服务范围内，门店就无法为其提供服务，而导致此类顾客流失。

面对这样的问题，很多人认为要想增加服务范围，就需要开分店，这样服务覆盖到的范围就得到了扩大，所辐射到的顾客也就越来越多。但这种方法，或许在十年前是可以的，但现在实体店发展已经陷入一个艰难的境地，如果盲目扩大规模，一方面需要解决资金问题；另一方面盲目开分店，并不一定能保证盈利。因此对于实体店的长期、稳定发展来讲，存在一定的风险。

但这并不是意味着不开分店这样的流量就任其流失。最好、最节省成本的办法，就是扩大服务范围。或者说实体店经营不设限，服务打破边界化，这样即便不在3公里范围内的顾客，依然能享受实体店的所有服务。

七匹狼实体店一位位于福建漳州的导购，发现一位以前经常到店体验服装，并通过线上或线下购买服装的顾客，这次却从线上下单，并且邮寄地址是位于1580多公里之外的贵州。他对此感到非常奇怪，于是他问这位顾客："为什么你要寄这么远？是不是选错了邮寄地址？"顾客的回答是："我现在搬家了，但我一直很喜欢你的服务，所以就麻烦你帮我寄过来吧。"

除了距离的问题，送货到家的时间快慢也是体现门店服务能力的一个标准。

2020年3月12日，苏宁联手家乐福推出了“福社圈”到家升级计划，在时效上，实现了3公里内1小时送达，10公里内半日送达，最高一日三送等。

在当前服务经济时代，消费者的心理锚点不断被提升，只有高品质的产品和高质量的服务相结合，才能对顾客产生足够的吸引力。而实体门店服务的距离、时效边界，却使产品、服务与顾客之间的连接产生阻碍，无法实现用户和门店之间的互联互通。扩大服务边界，让这些问题迎刃而解，真正实现顾客与实体门店的连接。店铺导购与顾客之间相互加粉，或者关注店铺公众号、留电话号码，这些方式都是为了很好地与顾客之间建立联系。

但联系是相互的，如果只是顾客一厢情愿，而店铺导购员却拒绝，都有可能造成联系无效。顾客也就因此与店铺没有了联系，不会在店铺内产生任何消费行为。对于店铺而言失去的是客流，也是财富。

但如果扩大服务边界，即便顾客搬家到很远的地方，依然能把产品寄给顾客。实体店可以通过将自身作为前置仓，向顾客提供产地直发、保税直送服务，顾客就会被这种服务打动，进而将店铺产品和服务推荐给自己的好友，这就为店铺增加和连接了更多的潜在顾客。这样，实体店的经营业绩有所增加也就是水到渠成的事情了。

第七节 开启“会员+”服务模式

让顾客成为会员，是现在很多线下门店都会采用的方式，而且变现效果很不错。因为企业让用户办理了会员卡，一方面可以留住老用户；另一方面还可以刺激消费，更重要的是，用户交纳的会员费，对企业来说，本身就是一笔不菲的收入。

例如，2019年在中国开出第一家门店的Costco。它的商品毛利率就很低，一个同样品牌的箱包，别人卖900元，它可能只卖300元。Costco所有的商品，毛利率都只有1%～14%。任何商品，只要毛利率超过14%，都需要经过Costco的CEO、董事会的批准。

这么低的毛利率，仅靠商品Costco不可能实现盈利。但是它的商品都超级好，用户喜欢，于是它让用户都成为会员。假如它有2000万会员，每人每年的会员费是100元，这便是一个巨大的财富数字。

其实，线下门店的会员模式我们也完全可以创新型地运用起来，并激发用户裂变。这里，门店要想办法将普通流量转化为会员，并用心长期经营会员，使其产生重复交易行为，并引导他们产生裂变。

这样做会员裂变，实际上就是使会员卡被赋予了更多的功能，让会员变成推广员，具体的裂变方法有以下几种，且线上、线下模式皆可以通用：

1. 老会员推荐新会员，返还会员费

线下门店通过返还会员费的方式，能够有效激发会员拉新的积极能动性。

例如，有一家健身店，刚开始学员并不多，店主想要尽可能招来更多学员，就利用会员裂变的方式达到了预期目标。

具体条件是：老会员只要一年内能给健身店成功推荐3位年卡会员，那么店铺将把该老会员一年的年费全部返还。具体的返还措施为：介绍第一个年会员，返还20%；介绍第二个年会员，返还30%；介绍第三个年会员，返还50%。

这种阶梯式的返还方式，激发了老会员的积极性，大家纷纷拉来自己的好友、同事等成为健身店的新会员。这样，不但老会员通过推荐好友，相当于免费上健身课，而且已经间接成为健身店的推广员。

2. 通过引荐人注册，获得购买资格

对于那些品质好、性价比高的产品，可以设置特价，而特价购买产品只有会员才有资格。而普通顾客如果想要购买产品，就必须通过引荐人的引荐，成功注册为会员后，才能获得同样的购买资格。这种方式主要是通过低价利诱的方式吸引顾客强烈的购买欲望，再设置一定的购买条件，让普通客户主动寻找推荐人来引荐自己成为会员。

这种方式，一定要设置引荐人机制：假如店铺开放100个初始会员名额，这100个会员即为引荐人。此后如果有人想要加入成为会员，只有通过引荐人才能成功成为会员。同时，还要设置一定的佣金，以作为对引荐人的回报。

例如，在引荐人的引荐下，被引荐人缴纳100元会费，可以成为店铺会员。而引荐人可以获得店铺30元的佣金，这位被引荐人就是二级会员。二级会员同样可以为别人提供引荐，并获得一定的佣金，而初始会员虽然在二级会员引荐过程中没有出任何力，但也可以领到相应的佣金。

3. 老会员折扣或积分，促成老带新

会员卡本身能够为会员带来很多实惠，如全场折扣、品类折扣、满送礼物等。让会员在享受特殊身份待遇的同时，还能获得实实在在的利益。商家可以借助会员的这种特殊性和利益来做营销活动，用折扣或积分来吸引老会员主动引流，促成老带新。

例如，企业可以将每周固定一天作为会员日。在会员日当天购物，会员不但可以获得双倍购物积分，还可以通过带新会员的方式获得折扣、消费满减、双倍积分等福利。

以微信为例，因为平台的赋能，让每一个会员都能将商家的信息共享到自己的朋友圈，因此也就有了无限裂变的可能。

第十章
“宅经济”经典案例分享

“宅经济”带来的红利，是未来的趋势。在构建宅经济的这条路上，有很多先行者，他们的经验非常值得我们借鉴。通过他们的经历，我们可以挖掘适合我们的方法，从而让我们取长补短，少走弯路，尽早收获宅经济的红利。

第一节　走进直播间的美的

美的在中国是一个家喻户晓的品牌，主打产品以家用电器小家电为主。

2019～2020年，见证了电商直播的风起云涌之后，美的迅速跟进，也全方位地切入了直播。2020年6月19日，美的集团发布了自己的6·18数据，显示从6月1日0时到6月18日24时，美的在全网的总销售额突破了125亿元，比2019年同期增长53%。6·18当天，美的更是创下了35亿元的销售新纪录。

在这份亮眼的成绩单中，集种草、引流、链接粉丝、带货于一体的直播居功至伟。据统计，美的全网直播场次达到4224场，累积总销售额达到6.5亿多元。

2019年，直播电商就显示出了强劲的活力。到2020年，直播电商更是成为风口中的风口。同时，因为宅，居民对健康型家电的需求也在急增。在这种情况下，美的迅速升级了20多个精品智慧健康场景。例如，美的家居APP升级的“家庭微气候”，可以让用户依个人喜好定制家中的空气环境，还在饮食方面推出了健康云食谱和孩子食谱。并且依靠自身扎实的数字化全链条基础，及时开启直播，从“幕后”走到“台前”，美的的高管也纷纷“出镜”，现出了直播首秀。像美的中国区域总裁吴海泉就做了多场直播。

这是一个流量的时代，谁能够做到直接和用户连接，掌握用户的真实数据，谁就能掌握真正的价值。在直播的形式上，美的采用了5种不同的直播方式，每一种都对应解决不同的痛点。

第一种是店铺直播。也就是美的在自己的官方旗舰店和自有商城开展的直播活动。这种直播主要解决的是产品转化的问题。直播可以让用户更直观地了解产品的性能、特点、使用场景，这是以前的图文呈现方式所比拟不了的。

第二种是明星专场。即邀请一些知名影视、体育明星来做直播，因为明星本身有着众多的粉丝，这种直播方式可以解决用户渗透的问题，在这里，明星成为一个媒介，用户可以通过明星这个媒介来认识美的的产品。

第三种是与知名的带货主播合作。美的先后与李佳琦、薇娅等国内知名的带货王有过合作。这些主播有着深受用户喜爱的独特直播风格，他们带的货品往往很容易成为爆品。美的与知名带货主播合作，主要目的就是解决新品上市或爆品打造的问题。

第四种是和快手腰部达人合作的直播。社交平台的网红分为两种，头部达人和腰部达人，头部达人通常拥有百万级的粉丝，而腰部达人通常只拥有几十万粉丝。美的同腰部达人合作直播，是为了解决区域和人群覆盖的问题。

第五种是内部导购人员的直播。这种直播主要目的是打通线上线下产品的连接，服务老用户。

多点开花、年轻化、全覆盖、高渗透、持续下沉，无限接近终端的消费者，是美的直播的布局打法。从美的的直播形态矩阵来看，它对不同地域、不同年龄层、不同性别、不同消费力的用户群体都进行了细分，以此来做到全维渗透。而正是这种布局打法成就了美的宅经济的战略高度，也为美的带来了可观的收益。

第二节　苏宁的线下门店叠加网红带货

苏宁电器 1990 年成立于江苏南京。最开始，苏宁仅是一家经营空调的专营店。后来，苏宁的商品品类逐渐覆盖所有电器品类，苏宁也成为一家综合电器连锁经营的大企业，其门店开遍全国各地。

彼时，苏宁还没有线上业务。但到了 2009 年，随着个人电脑的普及，以及智能手机、平板电脑这些移动终端的出现，苏宁“掌门人”张近东敏锐地意识到电商时代即将到来。其实，当时正是家电零售连锁企业门店扩展的黄金时期，其他家电零售连锁企业正在想尽办法“跑马圈地”。但苏宁电器却果断上线了“苏宁易购”，带领苏宁电器转入到传统企业与互联网融合的道路上。

和阿里、京东白手起家不同，苏宁转型有着良好的基础。因为它在全国各地有上千家门店，这么大的体量转型互联网，有很多可以借鉴的成熟经验。

张近东花了三年时间试水苏宁电器的互联网转型。慢慢地，张近东发现，线上和线下其实并不应该是两条平行线，它们也可以交叉融合。

苏宁将线上的虚拟商务与线下的实体门店结合起来，这样，线下的商家可以利用店铺进行宣传，吸引顾客。而顾客也可以在线上挑选商品，然后再去线下的门店实际体验。而且，苏宁的商品，在线上和线下的价格是统一的。消费者在线上还能快速了解到苏宁的商品动态，从而第一时间在门店提货，或在网上进行购买。这样，缩短了顾客的消费时间，顾客也充分享受到了服务。

凭借这一点，苏宁很快实现了弯道超车，并且明确了苏宁“一体两翼”的战略形式，就是以互联网零售作为主体，以 O2O 模式和开放平台作为两翼，将苏宁打造成“店商 + 电商 + 零售商”的发展模式。

经过多年经营，苏宁的这种模式已经打造出了完善的供应链和服务链。2019 年，苏宁收购了万达百货和家乐福中国，再加上自己线下的电器门店、生鲜超市，实现了品类互补和采购渠道的完善，而这些线下的门店，又反哺了线上的苏宁超市，形成了完整的商业生态闭环。

2020 年，全民宅时代开启，苏宁审时度势，凭借自己的全渠道优势，在互联网行业中率先开创了连续 12 小时直播的“超店播计划”。

和传统直播不同的是，超店播是将线下门店的场景搬到线上，给消费者营造出一种和线下一样边逛边买的感觉，完全满足了消费者想去线下但又去不了的心理。“超店播计划”始于 2020 年 2 月 21 日。彼时，苏宁开通直播频道，由明星店员和网红搭档担任主播，实时线上带货。直播 12 小时不间断，涉及家电、美酒美食、美妆护肤、母婴育儿等多个品类。

此次“超店播计划”，苏宁共有 3280 家门店参与了直播，共开播 3.4 万多场。仅 2 月 21 日当日，累计观看的人次就达到了 1.3 亿，最忠实的粉丝甚至连续跟播超过 10.5 小时。在苏宁易购 APP 上，当消费者选中商品后，系统会根据消费者的地址，自动匹配最近的苏宁门店，并显示几位商场导购，供消费者咨询或预约，还可以要求导购进行远程演示。通过直播，苏宁延伸了门店的覆盖范围，并实现了线下门店销售的移动互联网化和社交化。

除此之外，苏宁也一直在推行线下门店员工的线上营销技能培训，其在全国拥有近万名具备门店互联网运营的种子讲师。通过培训，不断地有门店员工走到线上，成为明星主播。

宅经济带来的商业变化对企业来讲，既是机遇，也是挑战。对于那些在市场经济下催生出来的行业，例如家电、家具业，可以一面抓住直播的机遇，一面提升自己的基本功。这里，苏宁的线下门店叠加网红带货就提供了一个很好的范本。

第三节 京东消费券释放“宅经济”活力

作为我国知名的综合网上购物商城，京东创立于2004年。刘强东创立京东的初衷是，他觉得人们在线下购物的体验不好，而当时电商的体验则远远优于线下，人们不用出门就能买到心仪的产品，而且还有发票。

两年时间，京东完成了最原始的积累，从2007年开始，京东借助资本的力量逐渐打开了一个新的世界，其销售的品种也不再是单一的计算机产品，而是成为一个全品类的综合性电商平台。现在，京东已经成为一家可以和阿里巴巴分庭抗礼的电商公司。

一直以来，京东的商业模式都是很多企业效仿的对象。早期，京东依靠的是重构零售的道路。它以互联网为基础，构建网站售卖商品。这样做，相比于传统零售，就少了店铺租金、样品展示以及人工成本等，商家的成本大大降低。

同时，京东开始自建物流。京东意识到，物流是线上和线下对接的窗口，有一个好的物流就能极大提高用户的购物体验。而用户体验满意了，用户的增长就不在话下，用户的规模效应有了以后，京东的盈利就有了保证，这是一条正向循环的链条。

宅经济时代，京东同样瞅准了时机。2020 年 4 月，京东开启 4 · 15 五周年店庆，向消费者发放总额达 2.5 亿元的消费券，打造线上线下的新消费大促，撬动消费回暖，全面释放“宅经济”的潜力。

京东的消费券覆盖全国的 700 多个区县市，涵盖超市百货、医药健康、生鲜食材、时尚生活等各个品类。

京东联合沃尔玛、永辉、华润万家、伊利、蒙牛等知名商家品牌，以及其他 10 万家各类线下门店，依托本地即时配送平台达达快递，为各个地区的消费者提供了生活日用品“一站式购齐，1 小时到家”的购物体验。

此外，大促期间，京东也为消费者准备了很多互动有趣的玩法，例如颇受关注的乳品粮油专场、个护清洁日化专场、全品类专场三场直播，观众在观看直播的同时，不仅可以享受高折扣力度的爆品新品，还有机会获得各种礼品。

层出不穷的让利优惠、琳琅满目的各类商品，京东让消费者足不出户，也能享受在家“云逛超市、逛药店、逛生鲜菜场、逛家居美妆店”的乐趣。

京东意识到，消费者的消费趋向已经从满足日常需求转向高品质生活，京东消费券的发放便进一步刺激了消费者的此类消费需求，通过线上线下的深度闭合，实实在在为消费者创造出一个越宅越乐的体验场景。

第四节 全面进击“宅生活”的喜茶

喜茶创立于2015年，主营芝士茗茶、莓莓芒芒家族等新式茶饮类奶茶。在奶茶已经成为中国年轻一代消费者逛街出行和日常休闲的必备饮品时，喜茶凭借转变营销观念，在店面上下足功夫，并且采取“饥饿营销”、打开线上和线下两种运营模式等方式成功崛起，很快便成为奶茶界的一匹“黑马”，受到新一代消费者的热烈追捧。

2020年3月，喜茶进行了新一轮的融资，估值达到160亿元之巨。从这里也可以看出，作为以线下门店为主要销售渠道的奶茶品牌，喜茶的市场价值已被充分认可。

事实上，喜茶能够逆势增长，很大程度上依赖于它对“宅经济”的精准预判，在各条战绩上全面进击到了人们的“宅生活”之中。

2020年春节期间，在最宅的宅生活时刻，喜茶积极响应，成立了自己的危机领导小组，并迅速推出四大“无接触”举措，覆盖下单、门店、外卖、取货等各个环节。

下单“无接触”：喜茶全面进驻了各外卖平台，消费者可以在家中通过外卖平台、喜茶小程序购买喜茶的产品。对于配送，很多外卖商家将配送范围设定在3公里以内，但喜茶在北京、上海、深圳、广州等17个城市的部分门店开通了5公里的配送，以服务更多的消费者。

门店“无接触”：2020年年初时，喜茶关闭了线下门店的收费渠道，只接受线上下单。消费者下单完成后，门店根据顾客的订单实时制作产品，有些带面包烘焙的门店，在面包烘焙完成后直接密封包装，做到员工与产品间的无接触。

取货“无接触”：从2019年下半年开始，喜茶就布局了自己的取茶柜，方便消费者无接触取货。这一举措在2020年春节期间发挥了巨大作用，顾客从小程序下单到取得产品，全程无接触。喜茶门店还安排专人对取茶柜进行消毒处理，保证取茶柜的干净卫生。

外卖“安心送”：外卖员每次送餐前后都要洗手消毒，全程佩戴口罩并接受体温检测。门店内的“外卖交接处”也每小时进行一次消毒清洁。同时，喜茶的每一份外卖都会附上一张外卖安心卡，全程可追踪，让顾客饮茶更加放心。

除此之外，喜茶还紧紧捕捉消费者的趋势和潮流，在直播、短视频端全面发力，并且在线上各平台发起了各种各样的粉丝互动活动。2020 年年初，喜茶就在抖音平台做了一个“画喜茶大赛”，让消费者参与到画喜茶的创作中，吸引了很多消费者的参与。

直播是和现代年轻消费者具有精神共振的一种表现形式，喜茶便全面挖掘年轻人的所思所想，并与自己的品牌做一个全面的融合呈现在直播中，这就让很多年轻人有了喝喜茶是一件很酷的事情的感觉，并最终成为喜茶的忠实粉丝。

通过这些方式，喜茶在宅经济中已经走出了扎实的一步，其已经和人们的宅生活全面接轨。而这，正是宅经济中先行者的本色。

第五节 线上问诊火爆的平安好医生

线上问诊可以被看作宅经济的直接产物，国内知名的线上问诊平台包括平安好医生、春雨医生、好大夫等。

平安好医生，原名平安健康管家，隶属于中国平安集团。其创立于2015年4月，主要利用移动互联网平台为人们提供实时咨询和健康管理服务。

自上线以来，平安好医生一直热度不减，据统计，2020年1月至4月初，平安好医生7×24小时接诊平台累计访问人次11.1亿，新注册用户比2019年同期增长了10倍，越来越多的宅家人群体验到了平安好医生便捷高效的服务。随着用户的激增，有很多用户也已经习惯在线上问诊付费，平安好医生的商业变现能力逐渐加强。

2020年年初，宅在家的人们对健康问题高度关注。大家不能出门去医院看病，但也不可能有病也不看，在这种情况下，平安好医生正好对接了人们的这种刚需。从历史上看，2003年的非典催生了淘宝和京东，培养了人们网上购物的习惯，2020年的疫情，也可能会成为平安好医生爆发的催化剂。

当然，能受到消费者的青睐，平安好医生除了大环境的因素外，自身的“内功”也起到了非常关键的作用。

平安好医生一直非常注重用户的体验工作。为了保证在线问诊的品质和时效，平安好医生自聘了1400多人的医学团队，这些医生多数都曾经就职于国内的三甲医院，其中不乏北京301医院、广州军区总医院等知名医院的知名医生。这些医学团队为用户提供7×24小时实时在线医疗服务。

经过几年的积累，对一些日常的小病，平安好医生已经形成了一套完整的在线诊疗机制，可以精准地判断用户的诊状并遵从相关规定开具处方药。据统计，在日常小病方面，用户对平安好医生的满意度高达98%。

2020年5月，平安好医生的服务再一次升级，其联合平安产险推出了国内首款融合互联网医疗服务的百万医疗险产品“安诊无忧”，为消费者提供了高达百万元的医疗保障。

平安好医生意识到，消费者远程“云看病”已经成了当下的新趋势，“无接触”“跨空间”“快速响应”的互联网门诊必将成为越来越多人在健康方面的新选择，互联网医疗已成为健康险的重要加分服务。当平台全方位地考虑到消费者的顾忌以后，消费者还有什么理由不信任这个平台呢？

趋势利好，再加上从属于中国平安集团，有着天然的资本助推属性，平安好医生或许很快就能迎来一个高速发展的新阶段。

第六节　粉笔公考用户规模和使用粘性双增长

粉笔公考成立于2015年2月，是一款为公务员报考人员提供服务的考试学习APP，软件可根据用户目标考试的考点、考频和难度，用人工智能算法来实现一对一的智能出题，并通过用户的练习情况，生成能力评估报告，为用户精准预测考分。

粉笔创立初期，首推直播大班课，给整个公考企业带来冲击。在营销环节，粉笔公考几乎没有一个销售，全凭社群运营，因为注重教研，又有着超高的性价比，迅速在用户中形成良好的口碑。其在微博平台推出的“模考大赛”，就经常登上热搜。

在在线教育公司中，粉笔算得上是非常特立独行的一员，它一不融资，二不买流量，仅聚焦于产品和教研，同时卖力服务好粉丝。粉笔的模式，可以概括为在大量粉丝的基础上，来转化用户。以低价的系统班、轻形态的课程包为第一入口。

2018 年，成立仅 4 年的粉笔公考收入就突破了 9 亿元，成为行业公认的第一品牌。

我国的公考分为两个阶段，一是笔试，二是面试。笔试阶段，粉笔以低价的系统班占据了优势，但在面试阶段，更多的用户会选择线下的面授。这种考试方式决定了公考教育应该是线上 + 线下相结合的形式。为了做透公考，粉笔也积极拓展了线下业务，在全国各地开设了 30 多个分校。

但是，2020 年年初的全民宅家，让各教育机构的线下面授一时难以为继。粉笔立即出台线下课程调整公告，为学员提供多元化的线上课程替代方案。同时，粉笔公考做了一个大胆的决定，即把选择权交给学员。具体来说，线下学员有两种方式，一种是选择无条件退款，另一种是如果学员不选择退款，那么可以选择上一个同样天数的线上班＋同样天数的线下班。

结果，粉笔发现有80%的学员选择了从线下转移至线上。为了增强学员的线上体验，粉笔开通绿色通道积极招聘对口教师，进一步丰富了自己的师资团队。同时，粉笔也加强了线上督学、答疑、互动等服务，这些都受到了用户的热烈欢迎。

粉笔的策略调整效果是非常明显的。据统计，2020年年初，粉笔的在线课程同比增长超过100%，平均到课率达到了90%以上。粉笔的活跃用户，也从2020年1月25日起有了稳步增长，在2020年2月6日时达到298.5万人。人均使用时长也在持续攀升，从2020年2月起，平均每位用户每天的使用时长都在1.2小时左右。

我们可以看出，虽然经济下行的形势延缓了粉笔线下扩张的速度，但经过积极应对，在全民皆宅的情况中，粉笔却实现了用户规模和使用粘性的双增长。看来，粉笔已经为宅经济的下一步进击做出了很好的铺垫。